I0060643

Estrategia en la práctica

Editor original:
JOHN WILEY & SONS LIMITED

Título original:
STRATEGY IN PRACTICE. A Practitioner's Guide to Strategic Thinking

Traducción:
FEDERICO VILLEGAS

Coordinación editorial:
DÉBORA FEELY

Diseño de tapa:
DCM DESIGN

GEORGE TOVSTIGA

Estrategia en la práctica

La guía profesional
para el pensamiento estratégico

GRANICA

BUENOS AIRES - MÉXICO - SANTIAGO - MONTEVIDEO

© 2010 *by* John Wiley & Sons Limited
© 2012 *by* Ediciones Granica S.A.

ARGENTINA
Ediciones Granica S.A.
Lavalle 1634 3° G / C1048AAN Buenos Aires, Argentina
Tel.: +54 (11) 4374-1456 Fax: +54 (11) 4373-0669
granica.ar@granicaeditor.com
atencionaempresas@granicaeditor.com

MÉXICO
Ediciones Granica México S.A. de C.V.
Valle de Bravo N° 21 El Mirador Naucalpan Edo. de Méx.
(53050) Estado de México - México
Tel.: +52 (55) 5360-1010 Fax: +52 (55) 5360-1100
granica.mx@granicaeditor.com

URUGUAY
Ediciones Granica S.A.
Scoseria 2639 Bis
11300 Montevideo, Uruguay
Tel: +59 (82) 712 4857 / +59 (82) 712 4858
granica.uy@granicaeditor.com

CHILE
granica.cl@granicaeditor.com
Tel.: +56 2 8107455

ESPAÑA
granica.es@granicaeditor.com
Tel.: +34 (93) 635 4120

www.granica.com

Todos los derechos reservados. Traducción autorizada de la edición en idioma inglés publicada por John Wiley & Sons Limited. La responsabilidad por la precisión de la traducción recae únicamente en Ediciones Granica S.A. Argentina y no es responsabilidad de John Wiley & Sons Limited. Ninguna parte de este libro puede reproducirse de ninguna forma sin el permiso por escrito del titular de los derechos de autor original, John Wiley & Sons Limited.

ISBN 978-950-641-633-1

Hecho el depósito que marca la ley 11.723

Impreso en Argentina. *Printed in Argentina*

Tovstiga, George
   Estrategia en la práctica : la guía profesional para el pensamiento estratégico . - 1a ed. - Buenos Aires : Granica, 2012.
   192 p. ; 22x15 cm.

   ISBN 978-950-641-633-1

   1. Estrategia . I. Título
   CDD 355.4

ÍNDICE

PREFACIO

La estrategia todavía es causa de controversias en no pocas organizaciones. Al parecer, desde el comienzo de los tiempos el hombre ha asociado la estrategia con el misterio y los rituales esotéricos limitados solamente a un círculo íntimo ilustrado. Los antiguos griegos consultaban su Oráculo en Delfos para tener una orientación antes de iniciar la batalla. De hecho, en los preparativos para la histórica batalla de Salamina en 480 a.C., que enfrentó a la coalición griega contra el poderoso ejército persa del temible Jerjes, fue necesaria la astuta y persuasiva "visión" del *strategoi* (general) ateniense Temístocles, comandante de la flota griega aliada, para proporcionar una interpretación del Oráculo que había alentado a los griegos a resistir y luchar frente a una casi segura derrota ante el ejército persa. Temístocles interpretó hábil y convincentemente el presagio del Oráculo para darle el significado de una victoria. Desde luego, él o sus compatriotas griegos no podrían haber apreciado en su justa medida la importancia histórica de su gran victoria en esa batalla[1].

---

1. Green, R. (2006). *The 33 Strategies of War*, Londres, Profile Books.

Hoy muchos gerentes todavía buscan sus "oráculos" cuando deben tomar una decisión estratégica. El oráculo del moderno gerente a menudo adopta la forma de un interminable montón de datos esencialmente sin sentido generados por los sistemas de información de gestión. Muchos encuentran consuelo en las cifras, así como los antiguos griegos lo hacían en las señales del Oráculo de Delfos.

La estrategia no necesita ser enigmática. No debe ser un códice místico con siete sellos. La buena estrategia concierne a la claridad de pensamiento, al discernimiento equilibrado basado en una intuición fundamentada en el análisis racional; particularmente, ante información incompleta y circunstancias complejas. La estrategia se aplica en contextos sociales, es decir, en las organizaciones y sus entornos competitivos. Es verdad que estos representan contextos ambiguos que a menudo desafían el análisis racional. Andrew Lo, de la Escuela de Administración del Instituto Tecnológico de Massachusetts (MIT), ha comentado que, mientras en las ciencias físicas tres leyes pueden explicar el 99% de las conductas, en las finanzas solo es posible explicar el 3% de los comportamientos[2]. Esto se puede aplicar a las ciencias sociales en general. No obstante, si bien el contexto en el cual se practica la estrategia es complejo y lleno de ambigüedades, el principio básico de este libro es cómo no deberíamos abordar la estrategia. En este trabajo desarrollamos un enfoque de la estrategia que procura cumplir ese propósito. Un elemento fundamental de este enfoque es el proceso de pensamiento estratégico que conduce a la generación de ideas estratégicamente pertinentes, incluso en contextos competitivos muy ambiguos y complejos.

---

2. *The Economist*, "Schumpeter. The pedagogy of the privileged", 26 de septiembre de 2009.

Estrategia en la práctica se basa en varias suposiciones relativamente simples. La primera sugiere que la estrategia es una disciplina práctica. Si bien esto se extiende al campo de la ciencia de la administración en general, podría decirse que "equivocarse" en el área estratégica conduce a consecuencias más serias. La estrategia tiene sentido solamente en el campo práctico; de hecho, algunos pensadores estratégicos van incluso más lejos, hasta sugerir que la estrategia adquiere sentido solo en una mirada retrospectiva, o sea, después del hecho. La estrategia puede parecer impresionante sobre el papel, pero es en el campo práctico donde cumple su máximo propósito. Esto puede parecer muy evidente para cualquier comandante militar, pero no es necesariamente lo que los textos de gestión estratégica nos inducen a creer. La segunda suposición es que la estrategia no solo concierne al análisis racional y a los modelos que respaldan el análisis. Sin duda, el análisis es importante en la estrategia. De hecho, como aducimos en este libro, los sistemas de análisis apropiadamente seleccionados pueden generar muchas ideas útiles. Pero, como veremos, el análisis es solo uno de los varios componentes del proceso de pensamiento estratégico. La intuición, la reflexión y sobre todo la predisposición a la experimentación y el aprendizaje son otros componentes importantes.

Este libro es sobre la estrategia en práctica. Se sirve de la teoría y del pensamiento actual en el campo de la gestión estratégica. Sin embargo, ha sido escrito teniendo en cuenta al profesional de la estrategia: el gerente que debe tomar una decisión estratégica en la práctica profesional de cada día. Aquí es donde la estrategia tiene el potencial de marcar una diferencia en el resultado comercial de una empresa. En mi experiencia como profesional y consultor de gestión, aquí es donde todavía encontramos brechas sustanciales en la comprensión de los conceptos sobre la estrategia, incluso los muy básicos. En general, los gerentes tienen dificultades para saber dónde comenzar con la estrategia. Entre aquellos que empiezan con éxito, muchos se quedan rápidamente atascados en el laberinto del análisis estratégico. Este libro intenta abordar esas brechas en la comprensión de la estrategia; pretende proporcionar al profesional de la estrategia un compendio equilibrado que consiste en la teoría esencial y el discernimiento profesional y pragmático. El enfoque de pensamiento estratégico que constituye el tema fundamental de este libro describe el camino a través de la selva estratégica.

Establecer la estrategia apropiada es sin duda el reto gerencial más crítico que afronta una empresa. La estrategia radica en tomar decisiones apropiadas sobre *por qué*, *dónde* y *cómo* competir. Las decisiones de este tipo se toman invariablemente en condiciones de información incompleta y en contextos cada vez más intrincados. Esto no hace la tarea más fácil. Pero refleja la realidad del complejo, embrollado y rápidamente cambiante mundo real en el que competimos. En este contexto, la estrategia consiste ante todo en *ser diferente* y *hacer las cosas de diferente manera*, en una respuesta deliberada a las oportunidades en el entorno competitivo de la firma. Esta respuesta adopta invariablemente la forma de crear y ofrecer un valor superior al mercado. No obstante, la estrategia también podría tener un objetivo interno, como buscar y lograr una ventaja competitiva a través de la diferenciación en el (re-)posicionamiento estratégico de la empresa. Quizás esto requiera una adaptación de los recursos y capacidades para adecuarlos a las circunstancias cambiantes en el entorno de mercado externo.

Una buena estrategia, cualquiera que sea su intención, requiere astucia y discernimiento; el discernimiento estratégico que se basa en una mezcla adecuadamente equilibrada de análisis racional, intuición, sano escepticismo, experiencia, y disposición y capacidad para desafiar de manera continua la lógica y los paradigmas predominantes. En este libro, exploramos el proceso de pensamiento estratégico que conduce al discernimiento estratégico. Esta puede parecer una propuesta cuestionable: ¿un enfoque sistemático para comprender un contexto complejo? Sin lugar a dudas, los contextos competitivos son extremadamente complejos. Los entornos competitivos externos de las empresas están cambiando en forma continua, y los contextos organizacionales internos no son menos complejos. Por otro lado, sabemos que la complejidad desafía la estructura y el orden.

Entonces, ¿por qué escribir un libro sobre algo ni siquiera remotamente relacionado con la *estructura*, dada la confusión del mundo real en el que competimos? En este trabajo diferenciamos claramente entre los contextos cambiantes y complejos, y la *respuesta* apropiada a esa realidad. Es obvio que en estos contextos no podemos influir ni imponer estructuras. Sin embargo, la segunda se encuentra claramente en el campo de la estrategia. La estrategia consiste en la claridad de pensamiento, en tomar las decisiones apropiadas contando con información incompleta. Y el pensamiento estratégico puede ser un poderoso medio para ese fin.

El enfoque de pensamiento estratégico desarrollado en este libro no intenta lograr la simplificación del complejo entorno competitivo de la empresa, sino que procura introducir la estructura en el *pensamiento*, de tal modo que permita a los gerentes no perder de vista el objetivo. El pensamiento bien estructurado empieza con hacerse las preguntas estratégicas *apropiadas*, aquellas que tienen el potencial de mejorar la capacidad de la firma para competir en sus mercados. Podrían ser muchas las preguntas de un gerente, pero, en realidad, solo algunas tienen el potencial de mejorar la situación competitiva de una empresa. Los gerentes necesitarán asegurarse de que están concentrados en los pocos asuntos de alta prioridad. El pensamiento estratégico también desafía continuamente la lógica empresarial predominante. Procura establecer discernimientos pertinentes y comprenderlos en su contexto estratégico actual. El discernimiento conduce al surgimiento de pautas que reflejan el panorama competitivo de la empresa. Este nivel de detalle, aunque es inevitablemente incompleto y con lagunas, a menudo es el mejor recurso disponible. Lo más positivo de todo esto es que los competidores de la firma no están en mejor posición en este sentido.

Sin duda, el pensamiento estratégico que conduce a un enfoque orientado al discernimiento es una capacidad estratégica cada vez más crítica. Esto permite a aquellas firmas que han adquirido habilidad y perspicacia en esta aplicación reconocer y aprovechar las oportunidades más rápidamente que sus competidoras; por otra parte, puede ayudar a prevenir situaciones que podrían resultar perjudiciales para la posición competitiva de las firmas. Por lo tanto, hay muchas cosas en juego. El propósito de este libro es proporcionar una guía relativamente accesible para alcanzar el dominio de esta importante habilidad.

El proceso de pensamiento estratégico desarrollado y analizado en este libro representa una acumulación de ideas, experiencias y reflexiones que han evolucionado como resultado de las diversas funciones que he desarrollado a través de los años como profesional de la dirección en la industria, como consultor y como profesor de estrategia. Este trabajo resume las ideas extraídas de la experiencia en estas diferentes actividades, tanto en el ámbito práctico como en el académico. Los recuadros insertados en todo el libro con el título "Estrategia en práctica" destacan el énfasis pragmático sobre la estrategia. Estos proporcionan discernimientos y sugerencias prácticas para aplicar las nociones y conceptos clave discutidos en los respectivos capítulos.

Hay pocos conceptos en este libro que sean realmente nuevos. Además, sería pretensioso suponer que un libro de esta extensión puede tratar exhaustivamente la estrategia en toda su amplitud. Este libro se centra en la parte inicial del proceso de estrategia, a fin de establecer la dirección estratégica apropiada desde el principio. Con ese fin, la obra intenta hacer una contribución extraordinaria: su objetivo es sugerir un nuevo y diferente enfoque para pensar acerca de la estrategia.

Al compilar este libro, he copiado sin remordimientos ideas y pensamientos propuestos por colegas especialistas. Estoy particularmente en deuda con los ex colegas de la industria y las consultoras, con los colegas actuales de la academia y con los estudiantes de la maestría y el doctorado en Administración de Empresas de la Henley Business School, del Reino Unido. Debo hacer una particular mención del personal de Bayer, ABB, Arthur D. Little, la Henley Business School, la Private Hochschule Wirtschaft (PHW) de Zurich y la Universidad de St. Gallen, también de Suiza. Este libro es, en gran parte, un tributo a su generosidad de espíritu para compartir ideas y experiencias, así como a su insistente cuestionamiento de mi pensamiento en el campo práctico y en el aula, respectivamente.

Debo expresar mi agradecimiento más sincero a varias personas que han contribuido directamente con el libro. Estoy en deuda con las siguientes personas por sus revisiones del manuscrito y su valiosa información y apoyo: el profesor Peter Lorange, del Lorange Institute of Business de Zurich (Suiza); Leif Bergman, consejero delegado de Henley Nordic (Dinamarca); David Wright, consejero delegado de AllCloud Networks y ex director de Estrategia y vicepresidente empresarial en Hewlett Packard; el profesor John McGee, de la Warwick University (Reino Unido), y el profesor David Collis, de la Harvard Business School (Estados Unidos). Además, agradezco a Rosemary Nixon, editora delegada en John Wiley & Sons, por su constante apoyo desde el principio. Y por último en orden, pero no en importancia, estoy en deuda con mi mujer, Heidi, por su meticuloso examen de las varias versiones del manuscrito y por las discusiones comprometidas y desafiantes en la evolución de su contenido.

Agradezco a todos. Ha sido una gran experiencia de aprendizaje y espero compartir con el lector algunas de las ideas que han surgido en este libro.

GEORGE TOVSTIGA
Henley-on-Thames
Marzo de 2010

CAPÍTULO 1

INTRODUCCIÓN A LA ESTRATEGIA EN PRÁCTICA Y EL PENSAMIENTO ESTRATÉGICO

Es importante recordar que nunca nadie ha visto o tocado una estrategia, cada estrategia es una invención, un producto de la imaginación de alguien...
Henry Mintzberg[1]

En este capítulo introductorio, nosotros...

- definimos y exploramos algunas nociones fundamentales relacionadas con la estrategia y la práctica de la estrategia;
- examinamos y formulamos algunos de los problemas y asuntos clave que contribuyen al dilema actual que afrontan los gerentes con la estrategia;
- introducimos el pensamiento estratégico en el contexto de la estrategia en práctica;
- reflexionamos sobre las diferencias entre la estrategia *en* práctica y la estrategia *como* práctica; examinamos la

---

1. Mintzberg, H. (1995). "Five Ps for Strategy", en Mintzberg, H.; Quinn, J.B., y Ghoshal, S. (eds.), *The Strategy Process*. European Edition. Londres, Prentice Hall, págs. 13-21.

planificación estratégica en el contexto de la estrategia en práctica y el pensamiento estratégico;

* presentamos el mapa de rutas del pensamiento estratégico; resumimos brevemente los capítulos subsiguientes de este libro que están estructurados en torno al proceso de pensamiento estratégico;

* cerramos con algunas advertencias e indicaciones útiles sobre la estrategia en práctica.

La estrategia: un dilema persistente

¿La *estrategia* es realmente un producto de la imaginación de alguien? Es difícil llegar a esa conclusión, a juzgar por la popularidad de la palabra en los medios empresariales. Casi ningún término empresarial se cita tan frecuentemente y con mayor fervor. Los líderes de empresas experimentan un gran orgullo cuando se refieren a "su estrategia". Durante el período de los dos primeros trimestres de 2009, una sola búsqueda en línea del *Financial Times* (*FT*) reveló que la palabra "estrategia" aparecía aproximadamente 6.300 veces en los artículos de *FT* y alrededor de 850 veces solamente en los comentarios y análisis de ese diario. Trascendieron referencias en las cuales el vocablo fue usado aproximadamente 5.500 veces en un contexto político o social.

No obstante, muchos líderes empresariales tienen dificultades para formular su estrategia. Por ejemplo, pidámosle a un líder que explique su estrategia para ver cómo se distingue de sus competidores. Después de todo, ¿no enseñamos a nuestros estudiantes de administración de empresas que la estrategia consiste en ser *diferente*? Sin embargo, con bastante frecuencia esto provoca una reacción descrita como agitación nerviosa. Lo cierto es que la mayoría de los líderes empresariales no pueden formular la estrategia de su organización de un modo sencillo y convincente. Esto es inquietante, cuando se considera que estas son las personas que no solo se ven a sí mismas como los principales estrategas de su organización, sino que *son* responsables del curso estratégico de su compañía.

Si bien los líderes empresariales a menudo se ven a sí mismos como los arquitectos de la estrategia de su organización, a muchos los árboles no les dejan ver el bosque en lo que concierne a la estrategia. Se desconciertan pronto, si no es por la jerga, por no saber cómo abordar la estrategia en primer lugar. Sin duda, esto no puede ser por la falta de un pensamiento gerencial "de avanzada". Repetidas veces, los autores de libros empresariales que han tenido un gran éxito de ventas, sus editores y los medios de comunicación nos han hecho creer que el Santo Grial de la estrategia –*la* teoría de la estrategia que invalida a todas las anteriores– ha sido finalmente hallado. Y, en efecto, se han hecho una serie de progresos en el pensamiento estratégico a través de los años. No obstante, los problemas fundamentales que hoy afrontan los gerentes se relacionan con poner esa estrategia en acción en el campo de la práctica.

¿Qué es entonces la "estrategia"?

En vista de la proliferación de publicaciones empresariales sobre el tema, parecería razonable suponer que, al menos, podríamos empezar con una definición clara y coherente de la noción de *estrategia*. Sin embargo, esto no es así; incluso un examen superficial del discurso actual en los textos de gestión lo confirma. La estrategia ha sido definida de muchos modos diferentes y todavía está evolucionando como concepto. Las primeras definiciones de la estrategia empresarial implican una planificación y acción deliberadas, como la definición clásica de Chandler (1962):

La determinación de las metas y objetivos a largo plazo de una empresa, la adopción de cursos de acción y la asignación de los recursos necesarios para llevar a cabo esas metas.[2]

Hoy parece haber un consenso en torno a las definiciones de estrategia que toma en consideración el hecho de que la estrategia tiene elementos deliberados, así como no intencionales; esto a menudo solo es reconocible como tal en un análisis retrospectivo. En este sentido, Mintzberg (2009)[3] sugiere pensar en la estrategia como una sucesión de acciones, cuyo significado a menudo llega a ser evidente solo después de su realización. Mintzberg también aboga por pensar sobre la estrategia como un pretexto para la acción posicionada en algún lugar dentro de una sucesión que va de lo puramente deliberado a lo puramente imprevisto, aunque en la práctica nunca se encuentra en ninguno de los extremos, a pesar de las afirmaciones en los libros de gestión que sugieren lo contrario.

Por lo tanto, en lugar de intentar establecer una definición exacta de lo que *es* la estrategia, quizás sea más pertinente reflexionar *sobre qué trata*.

Desde sus orígenes militares, la estrategia siempre ha tenido como objetivo alcanzar una ventaja competitiva. Si retrocedemos varios miles de años en la historia militar, la estrategia siempre ha consistido, en esencia, en *triunfar*. En un contexto empresarial moderno *triunfar* significa establecer la dirección apropiada para una organización a través de períodos de cambio y asegurar su bienestar competitivo a través del tiempo. Por extensión, una pregunta crucial de la investigación que ha surgido en torno a la noción de *estrategia como victoria* es: "¿Por qué algunas organizaciones

---

2. Chandler, A.D. (1962). *Strategy and Structure*. Cambridge, Massachusetts, MIT Press.
3. Mintzberg, H. (2009). *Tracking Strategies - Toward a General Theory*. Oxford, Oxford University Press.

superan continuamente en rendimiento a las otras?"[4]. El rendimiento se evalúa sobre la base del valor creado y entregado a los interesados directos. El bienestar competitivo de una organización reside en la capacidad de la firma para *diferenciarse* –o sea, para ser *diferente* de sus competidoras–. Sin embargo, esto solo no basta, las firmas deben diferenciarse por su capacidad de crear y hacer una *oferta de valor* superior a sus interesados directos.

Recuadro 1.1. Las "piedras angulares" de la estrategia competitiva[5]

La esencia del pensamiento estratégico estriba en dar con buenas respuestas a las siguientes preguntas. Estas pocas preguntas relativa y engañosamente simples constituyen las piedras angulares de la estrategia:

- ¿Cuál es el entorno económico competitivo en el cual debemos operar? ¿Cuáles son las fuerzas motrices clave? ¿Cómo están cambiando?
- ¿Cuáles son nuestros recursos, capacidades y prácticas; y cómo estos nos proporcionan una ventaja con respecto a los competidores?
- ¿Está cambiando nuestra base de competitividad? Si es así, ¿cómo?
- ¿Quiénes son hoy nuestros clientes? ¿Quiénes lo serán mañana? ¿Qué necesitan/necesitarán y piden/pedirán?
- Dada nuestra comprensión del contexto externo y nuestra base interna de competitividad, ¿cuál es nuestro abanico

---

4. Barney, J.B., y Clark, D.N. (2007). *Resource-Based Theory*. Oxford, Oxford University Press.
5. "The Building Blocks of Strategy", *Harvard Manager Update*, enero de 2006. Boston, Harvard Business School Publishing.

de oportunidades para crear un valor único? ¿Cómo está cambiando?

- ¿Cómo sincronizamos nuestra organización, nuestro personal y nuestras actividades para ofrecer nuestra gama única de oportunidades?

Desde esta perspectiva, la estrategia es más bien sencilla: consiste en encontrar las respuestas a una serie de preguntas básicas resumidas en el Recuadro 1.1, y así las piedras angulares de la estrategia encajan claramente en su lugar. Entonces, ¿por qué los gerentes siguen teniendo dificultades con la estrategia? Al parecer, hay varias razones posibles para que esto ocurra. Y, como sucede a menudo en los contextos complejos, estas razones guardan cierta relación entre sí.

En primer lugar, la estrategia no radica *solamente* en el análisis racional. En las últimas décadas, la estrategia ha evolucionado a través de una serie de escuelas de pensamiento que han dejado de lado la idea de que la estrategia es simplemente un problema analítico que debe ser resuelto con la destreza del hemisferio izquierdo del cerebro. Muchos de los viejos enfoques de la "estrategia" han demostrado que no tienen nada que ver con ella. En su lugar, hemos encontrado una serie cada vez mayor de perspectivas diametralmente opuestas que destacan la naturaleza paradójica de la estrategia: que en la adopción, en tiempo real, de una decisión estratégica complicada no hay una sola respuesta "correcta". Este criterio ha alentado el pensamiento y la búsqueda de ideas "más allá de las cifras" en la formulación de estrategias. También ha dado origen a una comprensión mucho más amplia de los papeles y la importancia del conocimiento, la intuición y la condición humana en la estrategia. Sobre todo, tenemos que llegar a comprender que las respuestas estratégicas, sin importar si son aparentemente apropiadas, siempre siguen veladas en la incertidumbre, introducidas a través de factores ambientales complejos y la irracionalidad de la conducta humana.

En segundo lugar, la estrategia es en esencia una disciplina práctica, tanto como intrínsecamente lo es la gestión. Muchos expertos en estrategia parecen ignorar esto. La estrategia puede empezar como un ejercicio en el papel, pero su prueba final de validez ocurre en el campo práctico. Esto está lleno de complejidad y ambigüedad. En el campo práctico, vemos que interviene un factor más: muchos gerentes prefieren *actuar* (de hecho, esto es a menudo un criterio para el ascenso) antes que *pensar*. En muchos ambientes empresariales es mejor ser visto haciendo algo –*nada*, en realidad– que estar bajo la sospecha de inactividad (véase el Recuadro 1.2: "¿Una tendencia a la acción?"). Mintzberg[6] aduce que los gerentes a menudo no tienen ni se dan tiempo para pensar. Observa que los estudios muestran que los gerentes rechazan las actividades de reflexión, y están muy orientados a la acción. Un estudio particular de los gerentes británicos de nivel medio y superior indica que trabajaban sin interrupción durante media hora o más solo una vez cada dos días. Aunque Levy[7] señala que la reflexión profunda no puede ser incitada y los discernimientos no pueden ser forzados; que, generalmente, ambos requieren una inversión sustancial de tiempo y una atención continua.

6. Mintzberg, H. (1990). "The Manager's Job: Folklore and Fact", *Harvard Business Review*, marzo-abril.
7. Levy, D.M. (2008). "Wanted: Time to Think", MIT *Sloan Management Review*, otoño, págs. 21-24.

Recuadro 1.2. ¿Una tendencia a la acción?

En el *bestseller In Search of Excellence*[8], de los autores Peters y Waterman, a la cabeza de la lista de sus "ocho principios básicos para llegar a la cumbre del éxito" encontramos "Una tendencia a la acción: una preferencia por hacer algo –nada–, en lugar de enviar una pregunta a través de ciclos y ciclos de análisis…". Ahora bien, ese consejo parece haber tenido repercusión en Percy Barnevik, ex consejero delegado de ABB. Barnevik creía en la necesidad de emprender una acción decisiva. Al respecto, aducía que "1. Emprender la acción (y exponerse al fracaso al asumir un riesgo) y hacer las cosas correctas es, obviamente, la mejor conducta. 2. Emprender la acción y hacer las cosas incorrectas (dentro de lo razonable y una cantidad limitada de veces) es la segunda mejor opción. 3. No emprender la acción (y perder oportunidades) es la única conducta inaceptable". En una entrevista con el *Financial Times*, Barnevik afirmó que "si usted hace 50 cosas, es suficiente que 35 sean en la dirección correcta; lo único que no podemos aceptar es que la gente no haga nada" (Rosenzweig, 2007)[9]. Este código de valores incluye la acción, la iniciativa y la aceptación del riesgo que caracterizaban a la cultura de ABB, y a menudo fue citado como la principal razón del meteórico ascenso de esa organización en la década de los noventa. Sin embargo, esto también fue la causa de una decisión casi fatal tomada por la empresa en el mismo período. Una de las compañías compradas por ABB en su fiebre de adquisiciones globales fue Combustion Engineering, un fabricante de vasijas de reactores con base en Stamford, Connecticut. ABB adquirió la firma en 1989, pero, desafortunadamente, sus esfuerzos no bastaron para detener la historia de Combustion Engineering en el uso de amianto para el revestimiento de sus reactores. El embrollado litigio resultante casi llevó a ABB al borde de la banca-

---

8. Peters, T.J., y Waterman, R.H. (1982). *In Search of Excellence*. Nueva York, Warner Books. (*En busca de la excelencia*, 2002, Madrid, Plaza Edición.)
9. Rosenzweig, P. (2007). *The Halo Effect*. Nueva York, Free Press.

rrota a comienzos de la década de 2000. Recién en 2006 ABB fue capaz de resolver el conflicto por el amianto en un acuerdo de conciliación de 1.430 millones de dólares[10].

En tercer lugar, muchos gerentes se sienten extremadamente incómodos cuando tienen que tomar decisiones estratégicas en circunstancias de información incompleta. Por otra parte, en los círculos de gestión todavía existe una creencia persistente en que las decisiones deben estar respaldadas por cifras –cualquier cifra, aunque a menudo no tenga sentido y no sea pertinente al problema en cuestión–. La realidad de la gestión es compleja y ambigua, invariablemente no cuantificable y en constante cambio. Por consiguiente, solo en algunos casos las cifras tienen alguna importancia real. La causalidad no es evidente la mayoría de las veces, y la información disponible es –en consecuencia– incompleta y asimétrica. Pocas veces el "gran cuadro" se presenta de un modo comprensible. No obstante, a pesar de la falta de datos basados en hechos reales, las decisiones estratégicas importantes a menudo no pueden esperar. Los líderes empresariales deben tomar decisiones aun con esta incertidumbre y riesgo. Después de todo, se les paga por hacer eso.

Es larga la lista de circunstancias y factores que contribuyen al dilema estratégico que hoy afrontan los gerentes. Por lo tanto, solo mencionaremos uno para apoyar este argumento: los entornos empresariales cada vez más dinámicos están obligando a los gerentes a tomar decisiones más rápidamente y sobre la marcha. Esto causa una serie de dilemas: ¿cómo se pueden tomar decisiones de alta calidad cuando la información crítica es incompleta o se omite

---

10. *Boston Globe* (1 de septiembre de 2006), "ABB dice que los juicios por el amianto de Lummus se resolvieron oportunamente" (Reuters).

totalmente, el análisis se limita a un mínimo, y el debate y el discurso –ambos elementos, necesarios para tomar una buena decisión– se suprimen debido a las limitaciones de tiempo?

Dadas estas circunstancias, ¿de qué manera los gerentes deberían abordar la estrategia en práctica? Esta es la pregunta que estamos tratando de responder. Nosotros proponemos hacerlo desde el ángulo del pensamiento estratégico. El enfoque de pensamiento estratégico desarrollado en este libro es teórica y conceptualmente riguroso, aunque permite una serie de posibles resultados estratégicos. En este sentido, aborda la realidad compleja y cambiante que los gerentes experimentan en la práctica. En esto radica la estrategia *en práctica*: en el modo como debería ser abordada bajo circunstancias inciertas e imprevisibles.

En esencia, la estrategia en práctica consiste en lograr el equilibrio adecuado entre *pertinencia* y *rigurosidad* con respecto al pensamiento estratégico. La *pertinencia* en cuanto al pensamiento estratégico genera ideas de aplicabilidad estratégica e impacto potencial, el *rigor* a través de los conocimientos apropiados de la actual teoría de la estrategia. El enfoque de estrategia considerado en este libro es, en su mayor parte, coherente con "la estrategia como perspectiva del proceso", pero no supone en modo alguno que la estrategia pueda o deba ser abordada de una manera mecanicista.

De hecho, el proceso de la estrategia necesita captar y tomar en consideración todo lo que hay disponible para el gerente: las ideas "soft" combinadas con la intuición y la experiencia colectiva de toda la organización, así como cualquier información "hard" pertinente surgida del análisis del contexto competitivo externo de la organización. La formulación de la estrategia incluye, entonces, sintetizar el aprendizaje colectivo a través de técnicas apropiadas de comprensión situacional (*sensemaking*)* y extraer de esos discernimientos opciones estratégicas adecuadas. Para ese fin, el pensamiento estratégico es un proceso complejo que, en las palabras de Mintzberg, "…implica los elementos más sofisticados, sutiles y a veces subconscientes del pensamiento humano"[11].

La estrategia en práctica: temas para la reflexión

- ¿Cuáles son las tensiones y dilemas que generalmente afloran cuando su organización se compromete en una estrategia?
- ¿Cómo se abordan la incertidumbre, la ambigüedad y la complejidad en su organización?
- ¿Cuántas de las ideas estratégicas en su organización se basan en el análisis racional (es decir, cuántas están principalmente orientadas a las cifras), y cuántas se basan en la intuición y en la información "soft"?
- ¿Qué papel desempeña el *pensamiento estratégico* en el proceso de estrategia de su organización?

¿Dónde deja esto a la "planificación estratégica"?

En realidad, el *pensamiento estratégico* nunca ha sido un elemento de la *planificación estratégica*. De hecho, podría decirse que la *planificación estratégica* tiene poco que ver con la *estrategia*. De algún modo, podría ser considerada

---

* N. del T.: Los procesos involucrados en el logro y mantenimiento de la comprensión situacional se denominan *sensemaking*: del inglés, literalmente, "dar sentido". Algunos expertos traducen el término como construcción o búsqueda de sentido. Para este libro, hemos preferido utilizar comprensión situacional porque nos ha parecido más pertinente.

11. Mintzberg, H. (1994). "The Fall and Rise of Strategic Planning", *Harvard Business Review*, enero-febrero, págs. 107-114.

como un instrumento de control. Cuando la planificación estratégica entró en escena, en la década de los sesenta, fue adoptada por los líderes empresariales como *la manera* de "hacer estrategia". En la cumbre de su popularidad, durante los años setenta, las corporaciones empleaban legiones de planificadores. Desde entonces, hemos llegado a comprender que la planificación estratégica era poco más que un ejercicio de control y servía al propósito de racionalizar el despliegue de estrategias que ya estaban en vigor. En esencia, esto consistía en una programación estratégica y a menudo era un obstáculo para el pensamiento estratégico[12].

Aunque, más que eso, la planificación representaba una mentalidad empresarial que buscaba la "única respuesta correcta", a través de un análisis puramente racional de la información numérica. Los gerentes se sentían cómodos con las cifras y reconocían en eso una manera de convertir mecánicamente un objetivo estratégico en medidas manejables. La probabilidad de lo predecible se consideraba de ese modo maximizada y estaba asegurada la realización de objetivos deseables.

Desde luego, hoy pocos líderes de empresa estarían dispuestos a admitir la *planificación* estratégica tradicional. Sin embargo, esto no significa que el *pensamiento estratégico* haya ocupado su lugar. El pensamiento estratégico no es, y nunca ha sido, una capacidad administrativa esencial en las compañías (Christensen, 1997)[13]. En muchas firmas la función de *planificación estratégica* parece haber sido reemplazada por *el desarrollo y la planificación corporativa*. No obstante, estas funciones no han introducido necesariamente un buen pensamiento estratégico en esas organizaciones.

---

12. Mintzberg, H. (1994), obra citada.
13. Christensen, C.M. (1997). "Making Strategy: Learning by Doing", *Harvard Business Review*, noviembre-diciembre.

Recuadro 1.3. Robert McNamara, "el racionalista ilustrado"

Pocos altos directivos han personificado mejor la planificación estratégica que el fallecido Robert McNamara (1916-2009), una de las diez "lumbreras" contratadas por Ford Motor Company en 1946 para reorganizar sus empresas. McNamara fue más tarde nombrado secretario de Defensa de los Estados Unidos por John F. Kennedy. Como ex catedrático de Economía en Harvard, tenía predilección por las cifras. Las cosas que se pueden calcular, sostenía McNamara, deberían ser calculadas. Era un director de planificación ejemplar que podía usar los hechos, las cifras y los análisis para resolver cualquier problema, incluso para librar la guerra en el lejano Vietnam. Las cuatro fases de McNamara para dirigir una organización eran: la primera, establecer un objetivo; la segunda, resolver cómo llegar hasta allí; la tercera, calcular el coste de todo; y por último, seguir sistemáticamente el progreso del plan. El conflicto de Vietnam llegó a ser ampliamente conocido como la "Guerra de McNamara". McNamara no sabía nada acerca de Vietnam; tampoco los que lo rodeaban. Pero la actitud de los estadounidenses en esa época era que uno no tenía que conocer la cultura o historia de un lugar para comprometerse en una guerra con éxito en el respectivo teatro de operaciones. Lo que se necesitaba era la información correcta, un análisis apropiado de ella y la aplicación de la superioridad militar para ganar la contienda. McNamara encabezó el esfuerzo del Pentágono en Vietnam hasta 1968. Aplicó todas las técnicas apropiadas: misiones de bombardeo aéreo, ataque de objetivos, captura de rehenes, incautación de armas, recuento de bajas del enemigo. Otra técnica, el recuento de bajas de las tropas estadounidenses, en cierto momento empezó a revelar, con la misma certidumbre, que los Estados Unidos estaban perdiendo la guerra. Al principio, esto desconcertó a McNamara. Las cosas empezaban a complicarse seriamente en 1965. Dispuesto a ganar la disputa, McNamara intensificó su guerra estadística de desgaste al aprobar el incremento de tropas. En el frente nacional, la resistencia a la contienda aumentaba. En el punto culminante del conflicto, McNamara fue denunciado como un "baby burner"; su propio hijo se unió a las marchas de protesta en su contra. Como admitió más tarde en sus memorias de arrepentido, había aprendido la dura lección de no haber comprendido las variables de la guerra en sí misma: lo más importante fue que las cifras no captan la condición humana ni la actividad humana. Como McNamara llegó a comprender, los datos cuantitativos "duros" pueden tener una parte decididamente "blanda" y cualitativa. En el caso de la Guerra de Vietnam, los factores humanos desempeñaron un papel decisivo: el Vietcong hizo que cada persona contara. De las once lecciones aprendidas de la Guerra de Vietnam por McNamara, esta y la mayoría de las otras llegaron demasiado tarde para ser de mucha ayuda.

Fuentes: The Economist, nota necrológica sobre McNamara, 11 de julio de 2009; *TIME* (Europa), L.H. Gelb: "Remembrance-Robert McNamara", 20 de julio de 2009.

Estrategia orientada al discernimiento

El *discernimiento* cumple un papel clave en el proceso de pensamiento estratégico. Si bien analizaremos la noción de discernimiento con más detalle en el Capítulo 3, aquí basta decir que la formación del discernimiento implica una combinación compleja de análisis e intuición; y que no todo discernimiento es igualmente pertinente o útil para el pensamiento estratégico. La clave para el buen pensamiento estratégico reside en qué ideas buscar y perseguir. Collis y Montgomery (2008)[14] aducen que dos discernimientos potencialmente poderosos se relacionan con las capacidades de la organización y la competencia que afronta. Estos

---

14. Collis, D.J., y Montgomery, C.A. (2008). "Competing on Resources", *Harvard Business Review*, julio-agosto, págs. 140-150.

indican la oportunidad de crear un valor único que, a su vez, establece las bases de la diferenciación competitiva.

El discernimiento estratégico es un resultado del proceso de pensamiento estratégico; de ahí el énfasis que ponemos en este libro en el enfoque de la estrategia *orientado al discernimiento*. El pensamiento estratégico es el vehículo para generar el discernimiento. Proporciona el enfoque sistemático y estructurado que se vale de la *comprensión situacional* para establecer un equilibrio entre el análisis racional y la intuición, el juicio derivado de la experiencia y el conocimiento. Leonard y Swap (2005)[15] se refieren al resultado colectivo de estos componentes como "profundamente inteligente". Los discernimientos estratégicos cumplen una serie de propósitos. Son resultados de la comprensión situacional en etapas individuales del proceso de pensamiento estratégico. Sin embargo, también ayudan a guiar y organizar el proceso de pensamiento a través de sus diferentes etapas. Finalmente, los discernimientos estratégicos individuales, cuando se observan como las piezas de un *puzzle*, contribuyen al surgimiento de un "gran cuadro" reconstruido del panorama competitivo de la firma. Este cuadro, inevitablemente, nunca es completo. No obstante, si se lleva a cabo con eficiencia, el proceso de pensamiento estratégico garantiza que las pautas que surjan sean suficientes para identificar opciones adecuadas para la acción estratégica. Con ese fin, los discernimientos estratégicos contribuyen en forma colectiva y permiten la formación de opciones estratégicas potencialmente apropiadas en el contexto competitivo emergente. La formación de la estrategia es un proceso dinámico que presenta al estratega una gama de opciones, de las cuales una será la más apropiada. A pesar de ello, pocas veces surge una sola respuesta estratégica

---

15. Leonard, D.L., y Swap, W. (2005). *Deep Smarts: Experience-Based Wisdom.* Boston, Harvard Business School Press.

"apropiada" como resultado de esta actividad. En la práctica, la selección de una opción estratégica implica cierto grado de compromiso. El discernimiento apoya el proceso mediante el cual se evalúan y, por último, se seleccionan las opciones.

Los entornos competitivos reales son extremadamente complejos y embrollados. Esto pone límites en el grado hasta el cual se puede formalizar la estrategia. Necesitamos considerar las circunstancias en las cuales surgen accidentalmente las estrategias, sin una intención deliberada de parte de la dirección de la organización. La premisa de este libro es que, si bien la estrategia real no es programable como tal, eso no significa que nuestro enfoque de la estrategia deba ser caótico. El propósito de este libro es guiar al lector a través del proceso de pensamiento que produce una buena formulación de la estrategia en un contexto de tiempo real.

La estrategia en práctica: estrategia orientada al discernimiento *versus* planificación estratégica

- El entorno competitivo actual, de ritmo rápido y en continuo cambio, deja poco lugar para los enfoques de planificación estratégica practicados en muchas compañías durante las décadas de los setenta y ochenta; hoy pocas compañías disfrutan de entornos que permitan alguna planificación significativa mediante cifras en horizontes temporales de cinco y más años.

- La estrategia orientada al discernimiento permite un enfoque muy diferente; si bien ofrece un marco de pensamiento estratégico sistemático y estructurado, hace uso de múltiples contribuciones y calendarios variables; esto equilibra las cifras "duras" (cuando están disponibles) con los indicadores "blandos" que surgen de los contextos complejos.

- La clave para poner en práctica un enfoque de la estrategia orientado al discernimiento empieza con una mentalidad dispuesta a desafiar las suposiciones y que se sienta cómoda con las medidas y contribuciones no cuantificables.
- Parafraseando a Kevin Kelly[16], la estrategia orientada al discernimiento "procura no tanto perfeccionar lo conocido, como aprovechar imperfectamente lo desconocido". Esto es congruente con una cultura organizacional que adopta la experimentación y el aprendizaje.
- ¿Cuál es la mentalidad de su organización? ¿Está más en armonía con la planificación estratégica o adopta la estrategia orientada al discernimiento?

¿La "estrategia *en* práctica" o la "estrategia *como* práctica"?

Este libro versa sobre la "estrategia en práctica". Intenta proporcionar una orientación para el profesional de la dirección, que está comprometido con la estrategia en el campo práctico. Por lo tanto, trata cómo se debería abordar la estrategia *en la práctica*. ¿De qué modo el enfoque sobre la práctica de la estrategia propuesta en este libro difiere de la escuela de pensamiento que ha surgido en los últimos años y promueve la "estrategia *como* práctica"? Si bien la última se centra en introducir el elemento *pensamiento* en la estrategia (Whittington, 2002[17]; Balogun y otros, 2007[18]), el enfoque desarrollado en este libro es, en

---

16. Kelly, K. (1998). *New Rules for the New Economy*. Nueva York, Viking.
17. Whittington, R. (2002). "Practice Perspectives on Strategy: Unifying and Developing a Field", *Best Paper Proceedings*, Academy of Management, Denver.
18. Balogun, J.P.; Jarzabkowski, P., y Seidl, D. (2007). "Strategy as Practice Perspective", en Jenkings, M.; Ambrosini, V., y Collier, N. (eds.), *Advanced Strategic Management*, 2ª edición, Basingstoke, Palgrave Macmillan.

su mayor parte, coherente con la fuerza propulsora conceptual de la escuela de "estrategia como práctica". No obstante, este libro no pretende ni aspira a contribuir a la institucionalización de ninguna escuela particular de estrategia, incluyendo el enfoque de la "estrategia como práctica" (que, entre paréntesis, ha sido criticado por adoptar una definición poco clara y contradictoria de la "práctica de estrategias"[19]). El propósito de este libro es, antes que nada, proporcionar al profesional de la estrategia los recursos de gestión apropiados para el pensamiento estratégico, y no, contribuir a la causa de ninguna escuela particular de estrategia.

Resumen y estructuración del libro

Este capítulo empieza con un examen del dilema actual que la mayoría de los líderes empresariales afrontan cuando abordan la estrategia y su formulación, a pesar de la proliferación de teorías sobre el tema en los últimos años. Dado el continuo discurso sobre qué *es* la estrategia, quizás sea más significativo centrarse en qué *consiste*. Consiste en ganar, en conseguir un rendimiento superior en relación con los competidores, en crear y hacer una oferta de valor superior. Al fin y al cabo, la estrategia es una *disciplina práctica*. De hecho, muchas de las dificultades experimentadas por los gerentes al abordar la estrategia se relacionan con la absoluta complejidad, ambigüedad y desorden de la práctica de gestión en los entornos competitivos de las organizaciones. Esto requiere un proceso de pensamiento estratégico que use una combinación equilibrada de análisis sistemático e intuición, necesarios para hacer un discerni-

---

19. Carter, C.S., Clegg, R., y Kornberger, M. (2008). *A Very Short, Fairly Interesting and Reasonably Cheap Book About Studying Strategy*. Londres, Sage Publications, Ltd.

miento pertinente a la formulación de la estrategia. De ahí la importancia del tema de la estrategia *orientada al discernimiento*.

Los capítulos siguientes (mostrados esquemáticamente en la Figura 1.1) conducen a través del proceso de pensamiento estratégico orientado al discernimiento.

Capítulo

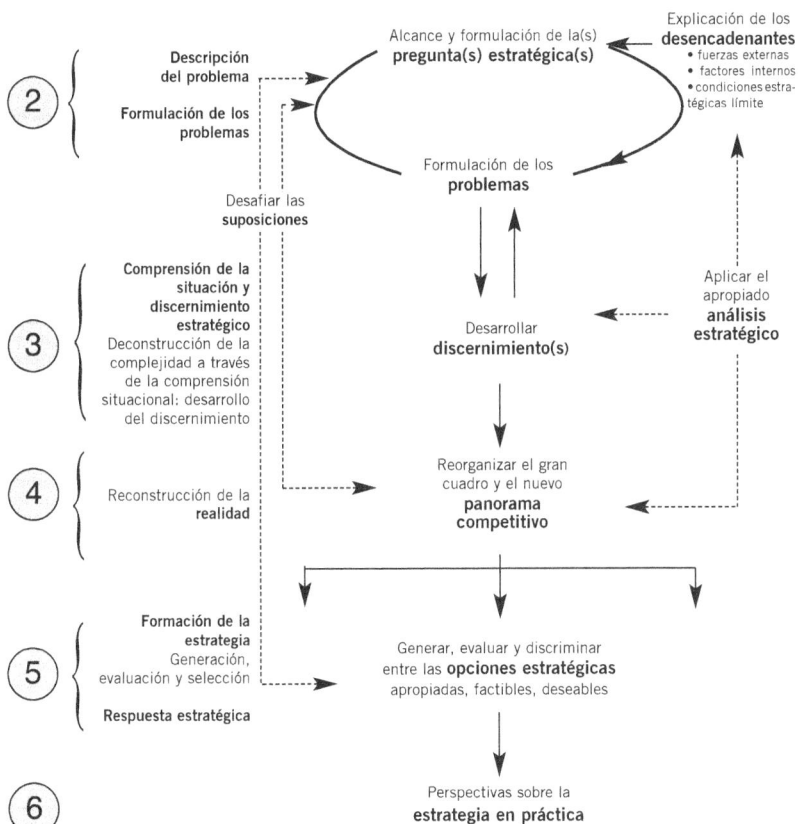

Figura 1.1. El proceso de pensamiento estratégico y el mapa de ruta de este libro

En el Capítulo 2 empezamos con la formulación de las preguntas estratégicas apropiadas. A menudo los gerentes y sus equipos no saben dónde comenzar con la estrategia. Aquí dedicamos una atención especial a la "confusa primera parte" del proceso de la estrategia. En esta fase, hay muchas cosas en juego; avanzar en la dirección equivocada conduce a grandes desviaciones y fracasos en el camino. La estrategia empieza necesariamente por saber dónde concentrar el esfuerzo de pensamiento. Si bien una compañía puede afrontar muchos inconvenientes, ir al meollo del problema estratégico y formular aquellas preguntas que realmente marcarán la diferencia son la clave para poner en marcha con éxito el proceso. Es de suponer que hay muchas preguntas de importancia estratégica, que requieren ser abordadas por un líder empresarial; pero, sin duda, las que en algún momento resultan de una importancia desproporcionada para la posición competitiva de la compañía son relativamente pocas.

El hecho de no poder dar con esas pocas preguntas críticas de alto nivel conduce a graves consecuencias para la empresa. Las preguntas estratégicamente pertinentes siempre surgen de los desencadenantes que podrían ser generados por factores externos o internos. En este capítulo consideramos cómo aplicar un análisis de esos desencadenantes para formular los problemas pertinentes; esto nos permite dividir las preguntas estratégicas de más alto nivel en grupos más manejables de preguntas secundarias.

La siguiente fase para resolver las preguntas estratégicas de alto nivel incluye generar discernimientos a través de la comprensión de la situación y el examen de las suposiciones. En el Capítulo 3 exploramos la noción de discernimiento. Consideramos las preguntas de alto nivel formuladas en la etapa previa, los problemas abordados en el curso de la deconstrucción de la realidad actual, que desencadena el tipo de discernimiento requerido para el proceso de comprensión situacional. El Capítulo 3 describe esta etapa del proceso de pensamiento estratégico, en la cual el complejo contexto de la realidad de la organización es "deconstruido" a través de la aplicación de los apropiados métodos y herramientas del análisis estratégico. También en esta etapa la intuición cumple un papel de orientación importante. Guía la selección y reúne los discernimientos que surgen de la comprensión de la situación. Esto es esencial para la contextualización de la situación investigada. Las partes y los fragmentos del discernimiento que surgen de este ejercicio de comprensión situacional, así como la intuición que se ha usado en esta etapa, luego son sometidos a comprobaciones de la realidad a través del examen y cuestionamiento de las suposiciones.

El Capítulo 4 está dedicado al tema del análisis estratégico. Examinamos cómo se usa el análisis para generar los discernimientos requeridos para la comprensión de la situación estratégica. Las herramientas y los modelos del análisis estratégico tienen su papel en el proceso de pensamiento estratégico, aunque ese papel es probablemente menos destacado de lo que suponen la mayoría de los gerentes. En la práctica, vemos que los gerentes pierden de vista el objetivo muy rápidamente cuando tratan de aplicar las herramientas de la estrategia. La complejidad y sofisticación de las herramientas analíticas no tienen límites en la formulación de estrategias. Aquí se aplica el viejo proverbio "basura entra, basura sale". Las herramientas y los métodos del análisis estratégico no reemplazan el buen pensamiento. Aplicados con propiedad, pueden proporcionar elementos útiles de discernimiento. Una premisa básica de este libro es que algunos buenos sistemas empleados adecuadamente para respaldar el pensamiento estratégico pueden generar una enorme cantidad de discernimientos. Aun así, es importante saber qué herramientas usar y cómo usarlas. En este capítulo examinamos algunos de los sistemas más poderosos, su aplicación y sus limitaciones. También exploramos cómo los discernimientos generados durante la fase de comprensión situacional se combinan a posteriori, de un modo semejante a las piezas de un *puzzle*, en la reconstrucción de un gran cuadro que representa el panorama competitivo de la organización, aunque incompleto. La intuición cumple nuevamente un papel importante en esta fase. La investigación sobre la intuición sugiere que su utilidad en esta etapa deriva del discernimiento relacionado con la experiencia[20]; la experiencia en saber qué buscar, dónde hacerlo y cómo integrar los nuevos discernimientos en una pauta de comprensión . La intuición permite al estratega experimentado percibir las pautas donde muchos no podrían identificarlas. A menudo, esto es todo lo que se necesita para tomar decisiones; la realidad de la dirección está llena de cuadros incompletos que, no obstante, necesitan ser apropiadamente interpretados y razonados.

Hasta aquí, el tema central ha sido el pensamiento estratégico y la comprensión de la situación. Estos, si se llevan a cabo apropiadamente, nos permiten identificar un gran cuadro que, aun cuando sea incompleto, refleja los atributos pertinentes al panorama competitivo de la firma. En esta fase, podríamos preguntarnos: ¿y ahora qué? En el Capítulo 5 exploramos cómo usar el resultado del pensamiento estratégico y la comprensión situacional para crear las opciones estratégicas apropiadas. Esta etapa se centra en el resultado de las opciones estratégicas, en la formación de una estrategia adecuada. La formación de la estrategia depende en gran medida de las circunstancias específicas de la firma; por eso, es muy diferente de una organización a otra.

---

20. Eisenhardt, K.M. (2008). "Speed and Strategic Choice: How Managers Accelerate Decision Making", *California Management Review*, 50 (2 Invierno), págs. 102-106.

En este sentido, usamos un enfoque propuesto por Mintzberg (2009)[21] que clasifica los mecanismos de formulación de estrategias de las empresas, de acuerdo con cuatro configuraciones básicas, las cuales reflejan el grado de madurez y la dinámica del entorno competitivo. Aquí exploramos las consecuencias de la formación de estrategias en la práctica.

Una vez formadas, las opciones deben ser evaluadas y reducidas a una o posiblemente dos que representen la alternativa más apropiada en las circunstancias dadas. Cerramos el Capítulo 5 con un examen de algunos enfoques sistemáticos para evaluar y seleccionar las opciones estratégicas apropiadas.

En el Capítulo 6, con el que termina este libro, cerramos con algunas reflexiones sobre el pensamiento estratégico y la estrategia orientada al discernimiento, desde varias perspectivas del campo práctico. Consideramos por qué las configuraciones organizacionales muestran variaciones en su predisposición a la formación de estrategias. Deducimos las consecuencias para la organización de explorar los alcances y las limitaciones del pensamiento estratégico frente a las restricciones impuestas por la realidad del contexto competitivo de las firmas. De esta manera, el libro concluye con una comprobación de la realidad y algunas recomendaciones para mejorar el impacto del pensamiento estratégico.

Es apropiado que consideremos algunas advertencias e indicaciones antes de ahondar en el sistema de pensamiento estratégico que será examinado en los capítulos siguientes. El recuadro final insertado a continuación las resume:

---

21. Mintzberg, H. (2009), obra citada.

Estrategia en práctica: algunas indicaciones prácticas sobre el sistema de pensamiento estratégico

- El sistema de pensamiento estratégico descrito en la Figura 1.1 no debe ser usado en forma mecánica. La realidad de la dirección es intrínsecamente compleja y se encuentra llena de ambigüedades. Cualquier enfoque para la formulación de estrategias debe reflejar esta realidad. Por lo tanto, el proceso de pensamiento estratégico propuesto en este libro consiste principalmente en guiar y desafiar el proceso de pensamiento y razonamiento del profesional desde la formulación de las preguntas estratégicas hasta su apropiada resolución.

- Si bien la estructura del sistema sugiere una serie de actividades "de arriba abajo", el proceso de pensamiento estratégico es, en realidad, muy iterativo y consta de múltiples cabos de realimentación.

- No hay una sola "respuesta correcta", como no hay una estrategia "para todas las circunstancias". Las situaciones de la dirección son muy contextuales. Una respuesta que aborda las circunstancias de los contextos complejos en cuestión a menudo requiere el compromiso entre posibles enfoques de solución. Por consiguiente, el resultado del proceso de pensamiento estratégico debería ser considerado como opciones estratégicas que van desde las "adecuadas" hasta aquellas que son claramente "menos que apropiadas". El sistema permite al profesional desarrollar argumentos importantes en apoyo de la opción estratégica más idónea.

- El sistema relega las herramientas estratégicas del análisis adonde pertenecen: a un papel de apoyo para ser usadas muy selectivamente, a fin de desarrollar discernimientos pertinentes donde se requieran. A menudo los gerentes se encuentran enredados en la densa maleza de los sistemas estratégicos, donde pierden de vista el objetivo. Actualmente no hay un límite para la sofisticación de las herramientas de estrategia.

- Sin embargo, usados como es debido, incluso los sistemas simples como el FODA (fortalezas, oportunidades, debilidades y amenazas) pueden proporcionar piezas útiles del *puzzle* para ser construido. En el Capítulo 4 veremos cómo es posible integrar algunos modelos relativamente sencillos en sistemas más amplios que, a su vez, pueden ofrecer poderosos discernimientos.

CAPÍTULO 2

FORMULACIÓN DE LA PREGUNTA ESTRATÉGICA

Lo que observamos no es a la naturaleza en sí misma,
sino a la naturaleza expuesta a nuestro método inquisitivo.
Werner Heisenberg[1]

En este capítulo, nosotros...

- discutimos la formulación de las preguntas estratégicas "apropiadas";
- exploramos el origen potencial de las buenas preguntas estratégicas;
- examinamos cómo se pueden formular las preguntas estratégicas apropiadas;
- consideramos cómo se generan las preguntas y de qué manera estas conducen a cuestiones que requieren formulación y análisis;
- analizamos la importancia de desafiar las suposiciones y la lógica predominante en la industria.

---

1. Heisenberg, W. (1958). *Physics and Philosophy: The Revolution in Modern Science.* Nueva York, Harper and Row.

¿Qué hay en una pregunta? Potencialmente, muchas cosas. Heisenberg[2] sugiere que la naturaleza se nos revela a sí misma en virtud de las preguntas que hacemos. No se revela al formular solo una pregunta; por eso, es crucial hacer las preguntas apropiadas. Esto se extiende fácilmente al contexto social: los contextos empresariales también se revelan a sí mismos mediante nuestra manera de preguntar. En consecuencia, formular las preguntas "correctas" desde el principio es crítico para cualquier ejercicio de pensamiento estratégico. ¿Qué son las preguntas "apropiadas"? Veremos este tema con mayor detalle más adelante en este capítulo; aquí basta decir que las preguntas "apropiadas" son aquellas que abordan los problemas y cuestiones que son de importancia estratégica para una organización (véase la Figura 2.1). Podrían ser importantes en el corto o largo plazo. Las buenas preguntas estratégicas abordan aquellos problemas de alto nivel y de alta prioridad que afrontan las empresas, y que tienen el mayor potencial para un impacto competitivo. El hecho de no lograr identificar correctamente las preguntas de este calibre conduce a una falta de objetivos estratégicos en el mejor de los casos, y a un desastre empresarial en el peor. Formular las preguntas estratégicas apropiadas es el punto de partida para el proceso de pensamiento estratégico.

Por lo general, las preguntas de alto nivel que formula cualquier organización son engañosamente simples. Incluso podría haber cierta coincidencia de las preguntas estratégicas entre los competidores. No hay muchas; en general podemos contarlas con los dedos de una mano. En esencia, abordan aquellas cuestiones que constituyen las piedras angulares de la estrategia discutidas en el capítulo anterior (Recuadro 1.1), que suelen ser las más pertinentes para las circunstancias competitivas de la firma.

---

2. Ibídem.

Capítulo

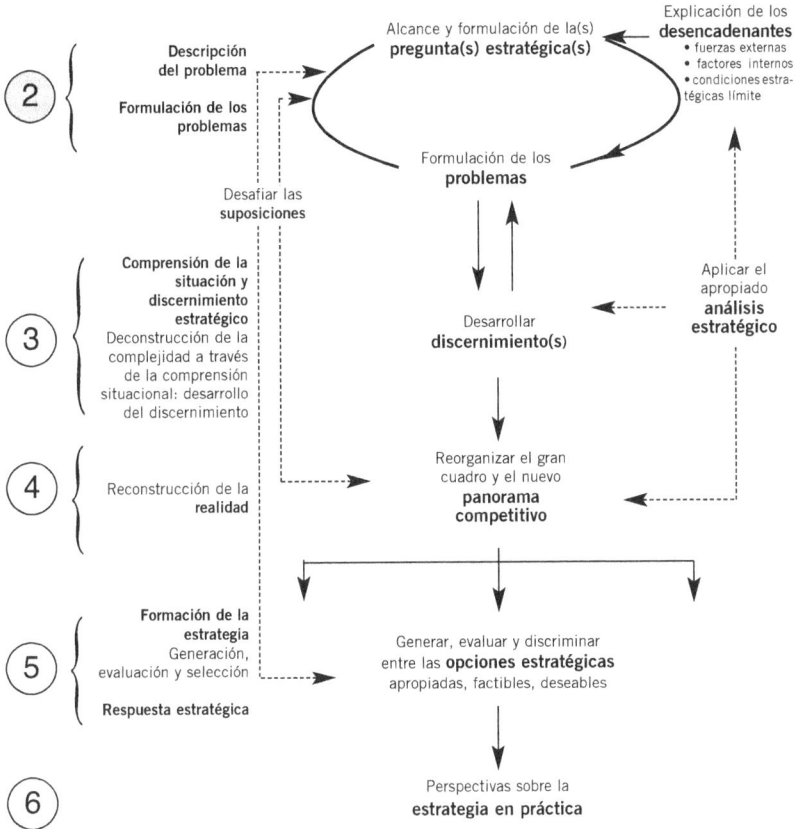

Figura 2.1. Preguntas estratégicas, desencadenantes y formulación
de los problemas

Estrategia en práctica: las piedras angulares de la estrategia

La estrategia es tan simple como compleja. En esencia, consiste en encontrar las respuestas apropiadas para las siguientes preguntas, que constituyen las piedras angulares de la estrategia:

- ¿Cuál es el entorno económico en el cual debemos operar? ¿Cómo está cambiando?
- ¿Quiénes son hoy nuestros clientes? ¿Quiénes lo serán mañana? ¿Qué necesitan hoy? ¿Cómo habrán cambiado sus necesidades mañana?
- ¿Cuáles son nuestros recursos, capacidades y prácticas; y cómo nos dan una ventaja en relación con nuestros competidores? ¿Cómo está cambiando nuestra capacidad para competir?
- ¿Cuál es nuestro espacio único de competencia? Es decir, ¿dónde y cómo podemos satisfacer las necesidades de nuestros clientes, de tal modo que ninguno de nuestros competidores pueda hacerlo?
- ¿Cómo sincronizamos nuestra organización, nuestro personal y nuestras actividades para ofrecer el mejor valor en nuestro espacio de competencia único?

Las preguntas estratégicas abordan problemas o retos de importancia estratégica para la organización. En este contexto, "estratégica" se refiere al hecho de que la pregunta es pertinente a la capacidad de la organización para competir, a su competitividad. En todo caso, las preguntas estratégicas surgen cuando cambian las condiciones que afectan a la capacidad de la organización para competir. Más a menudo, los cambios son desencadenados por factores externos a la organización; sin embargo, a veces, estas preguntas surgen cuando cambia la base interna de competitividad de la firma. Aunque las preguntas estratégicas también pueden ser generadas por una combinación de factores externos e internos que tienen un impacto en la posición competitiva de la empresa.

Inevitablemente, son muchos los problemas y retos que afronta una organización en algún momento de su existencia. No obstante, solo algunos son de importancia estratégica. Por lo tanto, podría decirse que la tarea de más alto nivel de un gerente superior es relativamente sencilla: consiste en identificar los dos o tres problemas estratégicos (o, posiblemente, oportunidades) de alta prioridad que afronta la organización, y seguir con la tarea de resolverlos (o aprovechar las oportunidades). Si el gerente superior no logra dar con las pocas preguntas realmente importantes, eso conduce a una inercia estratégica y a la pérdida de la posición competitiva. En el ámbito de la dirección, hablamos del "principio de Pareto"[3], también conocido como la "regla de 80-20", pues se sugiere que el 80% del impacto proviene del 20% de las causas; por ejemplo, que el 80% de la rentabilidad de una empresa proviene del 20% de sus productos. En el contexto de la pregunta estratégica, el principio de Pareto sugiere que es muy razonable concentrar los esfuerzos en aquellas pocas cosas que son importantes. Desde luego, el verdadero punto crítico de esta etapa del proceso de pensamiento estratégico reside en identificar aquellas pocas preguntas estratégicas de alto nivel que son realmente cruciales. Y no es una tarea trivial.

Preguntas estratégicas

Las buenas preguntas estratégicas son generadas por problemas o retos que conciernen al propósito fundamental de una organización: su capacidad para crear y entregar un

---

3. El principio de Pareto ha sido atribuido al economista italiano Vilfredo Federico Damaso Pareto (1848-1923), quien observó que el 80% del ingreso en Italia iba a parar al 20% de la población.

valor a sus interesados directos. A menudo, el problema se centra en los cambios en la capacidad competitiva de la organización para hacerlo. Quizás un nuevo competidor en el mercado está amenazando la posición competitiva de la organización. Tal vez la organización ha perdido su capacidad para competir en sus mercados debido al descuido de su base de recursos estratégicos. Quizás ha perdido el rumbo, en cuanto al sentido del propósito compartido y los valores fundamentales. Todos estos son retos de una naturaleza competitiva. Sin embargo, los problemas y retos no deben ser negativamente abordados. Podrían relacionarse con una nueva oportunidad en el mercado que requiere una aclaración y quizás una acción. Para merecer nuestra atención, los problemas tienen que ser *estratégicamente pertinentes*, lo cual significa que deben entrar en la categoría de "aquellos que son poco importantes", que tienen un impacto comercial potencialmente alto. Estos son los únicos que tienen un considerable impacto positivo a largo plazo sobre la posición competitiva de la organización. El hecho de no lograr resolverlos tendrá un impacto negativo en el bienestar competitivo de la firma.

Por consiguiente, un buen punto de partida es revisar la propuesta de valor de la compañía, que debería proporcionar una descripción clara desde dónde se destaca la empresa y sobre qué base. La capacidad de la firma para hacer su propuesta de valor cambia constantemente, a medida que se modifican las condiciones del entorno.

Los problemas y retos tienen dueños. Nosotros los llamamos *grupos de interés*. Se trata de las personas o instituciones que ganan (o pierden) más con la resolución acertada (o fallida) de un problema. Las necesidades, el poder y la legitimidad de la demanda de los grupos de interés con relación al problema varían. Por eso, diferenciamos entre los grupos de interés con una alta legitimidad y una fuerte posición para influir en la resolución del problema, y aquellos con una legitimidad marginal y menos poder para influir en el resultado. El primer grupo es importante; ellos son los *interesados clave*.

Los problemas estratégicamente pertinentes casi siempre surgen como resultado de cambios en el contexto competitivo de la firma. Ampliamente categorizados, estos pueden presentarse en cualquiera de las tres áreas mencionadas en el siguiente recuadro.

Estrategia en práctica: dar con las preguntas estratégicas "apropiadas" de alto nivel

¿Cómo se puede dar con las preguntas estratégicas "apropiadas"? Si bien no existen reglas firmes y estrictas para formularlas, estas surgen generalmente del esfuerzo esmerado y constante en los siguientes tres grupos de actividades:

1. *Seguimiento continuo del entorno externo* para los descubrimientos que podrían conducir a cambios en el campo de juego competitivo. Las preguntas estratégicas, cuando surgen, son inevitablemente provocadas por las condiciones cambiantes. Con mucha frecuencia, serán inducidas por factores externos. Un simple análisis de los factores externos PESTEL (políticos, económicos, sociales, tecnológicos, del entorno y legales) siempre es un buen punto de partida. Las condiciones cambiantes de la competencia inspiran preguntas estratégicas del tipo: "¿Qué ha cambiado, y por qué?".

2. *Examinar las condiciones cambiantes por su pertinencia estratégica (competitiva).* Los cambios en el entorno competitivo pueden tener consecuencias en la capacidad de la organización para competir. Los múltiples cambios (en varios frentes), que están llegando a ser cada vez más la norma, pueden tener un impacto sinérgico global en la posición competitiva de la organización. Las preguntas estratégicas inspiradas por el examen del cambio son del tipo: "¿Cuáles son las consecuencias de los cambios para la organización, y por qué es así?".

> 3. *Tratar de encontrar las respuestas apropiadas de parte de la organización para las condiciones competitivas cambiantes.* Las condiciones cambiantes que tienen importancia estratégica para la organización exigen una respuesta apropiada. Si bien los factores externos que provocan las condiciones cambiantes de la competencia generalmente no pueden ser influidos, sugieren preguntas estratégicas de alto nivel dentro de la organización, del tipo: "¿Qué debería estar haciendo la organización; qué puede hacer en respuesta a las condiciones cambiantes?".

Desencadenantes

Cambios en el entorno competitivo externo de la organización. Las preguntas estratégicas pueden ser desencadenadas por problemas que surgen como resultado del cambio en el entorno externo de la firma. El cambio de este tipo podría ser impulsado por cierto número, o incluso combinaciones, de factores externos como el cambio sociopolítico, los avances tecnológicos, la mayor competencia a través de nuevos competidores, los cambios demográficos en los mercados, la base de clientes de la empresa y otros factores macroeconómicos externos. Por regla general, los factores externos como estos están fuera del control de cualquier firma individual. Hay pocas cosas que una empresa individual puede hacer para influir en estos factores. No todas las fuerzas externas son igualmente importantes, ni tendrán el mismo impacto potencial en la posición competitiva de la organización. Sin embargo, las organizaciones necesitan comprender las fuerzas actuantes en su entorno externo. Más aún, deben comprender la dinámica de dichas fuerzas. No todo cambiará al mismo ritmo, algunas cosas se modificarán más que otras. Las organizaciones necesitan comprender y seguir con atención la dinámica de aquellas fuerzas externas que tienen el mayor impacto competitivo.

Cambios en los factores de competencia interna. Las preguntas estratégicas también podrían surgir como consecuencia de problemas estratégicamente pertinentes que tienen su origen dentro de la organización. Estos son factores en los que la organización, por regla general, *puede* influir. Podrían ser el resultado de una negligencia o incapacidad de la firma para comprometerse en actividades apropiadas y oportunas. Por ejemplo, esto incluye la incapacidad de la organización para desarrollar recursos estratégicos durante un período determinado. O cuando una organización llega a estar satisfecha de sí misma y deja de fomentar una cultura empresarial que promueve una capacidad estratégicamente crítica, como la innovación. El problema puede tener múltiples dimensiones, que son todas internas. En el caso de una capacidad de innovación inferior, es posible que esto incluya la falta de una infraestructura de sistemas de gestión, una cultura que castiga los intentos y fracasos, o la ausencia de un conocimiento de avanzada. El problema también se podría manifestar de múltiples maneras: la incapacidad constante para introducir nuevos productos en el mercado, lo cual causa otras dificultades, por ejemplo la incapacidad para atraer los mejores talentos como resultado de la mala reputación de la organización.

Cambios en las condiciones estratégicas límite de la organización. Una tercera fuente potencial de problemas estratégicamente pertinentes surge de un conjunto híbrido de fuerzas relacionadas con factores externos e internos. Las condiciones estratégicas límite están mejor definidas por las suposiciones que apuntalan lo que Drucker[4] llama la *teoría de los negocios* de la organización. La teoría de los negocios de una firma tiene tres elementos:

* Primero. Hay suposiciones acerca del entorno com-

---

4. Drucker, Peter F. (1994). "The Theory of Business", *Harvard Business Review*, septiembre-octubre, págs. 95-104.

petitivo externo. Por ejemplo, se pueden identificar las oportunidades y amenazas relacionadas con la actual y futura posición competitiva de la firma. En resumen, estas son suposiciones acerca del entorno externo de la organización, que corresponden a la pregunta *dónde*, con respecto a las oportunidades y amenazas desde la perspectiva de la firma.

* Segundo. Hay suposiciones acerca del propósito específico de la organización; qué considera como su misión y qué considera que son resultados significativos. Estas suposiciones comprenden la mentalidad predominante de la organización y sus principios rectores. Además, dan lugar a las preguntas *por qué* y *qué* de la existencia de una firma: *por qué* está en la industria; *qué* hace para beneficiar a algunos de sus actuales o potenciales grupos de interés.

* Tercero. Hay suposiciones relativas a los medios de la organización para competir; sus recursos y capacidades; la infraestructura de la organización y de la dirección; sus activos tangibles e intangibles. Estas suposiciones dan lugar a las preguntas *cómo*: cómo competirá la firma, sobre la base de qué posición de recursos únicos.

El discurso de Drucker sobre la *teoría de los negocios* de la empresa capta la esencia de la *propuesta de valor* de la organización. Como ocurre con la teoría de los negocios, la *propuesta de valor* comprende y unifica las suposiciones relativas a las aspiraciones y los principios rectores de la organización, su entorno externo y sus bases internas de competitividad. La propuesta de valor encuentra su expresión en la intención estratégica de la organización, que en términos sencillos se traduce en una de las tres disciplinas del valor: excelencia operativa, liderazgo del producto o intimidad del cliente[5]. La propuesta de valor de una organización es una expresión del

---

5. Treacy, M., y Wiersema, F. (1995). *The Discipline of Market Leaders.* Upper Saddle River, New Jersey, Addison-Wesley.

valor único y diferenciado que la organización propone a sus clientes. Proporciona una orientación sobre *dónde* y *cómo* competirá la firma y, además, indica dónde y cómo la empresa *no* competirá. De este modo, la propuesta de valor proporciona un poderoso medio para describir las condiciones estratégicas límite de la organización. La propuesta de valor presenta una visión en *perspectiva* sobre la estrategia; esta visión, nos recuerda Mintzberg[6], está profundamente arraigada en la cultura y el sentido del propósito de la organización.

Los cambios rápidos y amplios en el entorno competitivo externo de la firma a menudo provocan incertidumbre y confusión dentro de la compañía, con respecto a la dirección que se debería tomar. Los éxitos del pasado proporcionan cierta orientación para la futura dirección estratégica cuando el paradigma que apuntala la lógica de la industria está cambiando. Por otra parte, los entornos competitivos turbulentos asociados con problemas internos pueden afectar seriamente la capacidad de la firma para seguir un curso claro. En este caso, puede estar en juego la propuesta de valor de la firma, que quizás necesite una revisión. Pero el examen de las condiciones estratégicas límite de la compañía siempre requiere una investigación profunda de parte de la organización, y una revisión de la pregunta *por qué*: su *razón de ser*, en vista de la realidad de su entorno competitivo cambiante.

A menudo, las preguntas estratégicas no están bien formuladas. Muchas pasan por alto la esencia del dilema actual de la organización. Las preguntas estratégicas eficaces que centran el pensamiento en las cuestiones centrales para el propósito fundamental de la organización generalmente constituyen un buen punto de partida.

Ahora analizaremos más detalladamente la formulación de buenas preguntas estratégicas, con la ayuda de un ejemplo concreto: el actual dilema competitivo de Starbucks. Consideremos la situación actual de esta empresa, después

---

6. Mintzberg, H. (2007). *Tracking Strategies*. Oxford, Oxford University Press.

de su período de ascenso meteórico durante los años noventa y en la primera parte de la década de 2000, como se describe en el Recuadro 2.1.

Recuadro 2.1. Starbucks: *¿Quo Vadis?*

Starbucks Coffee Company, minorista y cadena de cafés con base en Seattle, fue la fuerza propulsora detrás de la renovación de la anquilosada industria del café, a fines de los años ochenta y principios de los noventa. Starbucks introdujo el café moreno tostado preparado para Norteamérica de un modo personalizado. Para muchos estadounidenses, Starbucks proporcionaba el primer sabor verdadero del café de calidad. Al parecer, su éxito estaba predestinado, al menos en los Estados Unidos. Sin embargo, inicialmente no ocurrió lo mismo en el Viejo Continente, donde más tarde Starbucks logró adquirir una sólida posición. Europa había desarrollado una rica cultura del café desde los siglos XVI y XVII. Por ejemplo, en 1683 Viena abrió su primer café, donde se servía la infusión rescatada de los botines dejados por los turcos otomanos en retirada. A través de los siglos, Viena cultivó un rico legado de cafés. En mayo de 2008, Starbucks abrió su doceavo café en Viena, con otras sucursales previstas. ¿Starbucks en *Viena*, por todas partes?

Podría decirse que el éxito de Starbucks no solo fue con el café. Al definir el éxito inicial de su compañía, el consejero delegado de Starbucks, Howard Schultz, aduce*: "Nunca hemos estado en el negocio del café servido a las personas; siempre hemos estado en el negocio de las personas que sirven café". Por otra parte, de acuerdo con Schultz, "el patrimonio de la marca [Starbucks] está definido por la experiencia, y esa experiencia es asombrosa". Starbucks aspiraba a proporcionar el "tercer lugar" en la vida de la gente; amplios y cómodos sillones y sofás de piel, un ambiente informal y relajado que atraía a los hombres de empresa y a la gente amante del ocio definían la experiencia, mientras Starbucks crecía rápidamente durante los años noventa y en la primera década del siglo XXI. Desde luego, también estaba la amplia gama de mezclas de cafés morenos, tostados y exóticos entre los cuales elegir, ya sea para consumir en el lugar o para llevar, preparados por camareros experimentados y cordiales. Todos estos factores contribuyeron a la experiencia única que formó el núcleo de la propuesta de valor de Starbucks en ambos lados del Atlántico. Starbucks ofrecía a sus clientes una experiencia especial a un precio especial a los que estaban muy dispuestos a hacer fila para disfrutarla.

Esto fue así hasta hace poco. Pero ahora han aparecido oscuras nubes sobre el horizonte de Starbucks. El precio de las acciones de la compañía ha tenido un impacto sustancial. Mimada por el éxito de su rápido ascenso, la cadena de cafés se vio afectada en 2007, cuando registró un tráfico negativo de clientes por primera vez en su historia. El 1 de julio de 2008 la cadena de cafés con base en Seattle anunció el cierre de 500 tiendas. Cien cafés ya habían sido cerrados a principios del año. Además, la mano de obra de Starbucks de 172.000 personas fue reducida un 7%.

Evidentemente, no todos los problemas actuales de Starbucks son derivados de su propia gestión. Sin duda, no se puede hacer responsable a la cadena de los cambios en su entorno competitivo externo, como el deterioro de la economía global, o el hecho de que han surgido muchos competidores atraídos por la venta de cafés especiales. Sin embargo, muchos de los problemas que afronta Starbucks son de origen interno. Parece que la calidad ha pasado a un segundo plano en los últimos años, lo cual ha creado problemas relacionados con la competencia y el comportamiento de su personal, la limpieza y la comodidad de sus tiendas. Tanto el entorno competitivo como la base interna de competitividad de Starbucks han cambiado. Por lo tanto, podría decirse que el mayor reto de Howard Schultz es revisar las condiciones estratégicas límite de Starbucks: ¿eso será "volver a los orígenes" como proveedor de una experiencia de café especial, o llegar a ser un distribuidor "McStarbucks" para las masas?

* Fuente no revelada sobre el 10º Aniversario de Starbucks en el Reino Unido (octubre de 2008).
Fuente: *The Economist* (2008)[7].

7. *The Economist* (2008), 3ª edición de julio, "Starbucks - Grounds Zero".

Howard Schultz volvió como CEO de Starbucks a comienzos de 2008, después de haber dejado ese puesto en 2000. Su mandato es transformar la compañía y volver a posicionarla para el éxito futuro. Podríamos preguntarnos: ¿cuáles son las preguntas que mantienen despierto a Schultz durante la noche? Con seguridad, serán las preguntas de alto nivel, y quizás haya solo algunas que realmente importan en este momento. Sin duda, una de esas preguntas podría ser muy simple: "¿Qué ha cambiado?". Es evidente que muchas cosas se han modificado entre el período de crecimiento de dos dígitos de Starbucks y su actual situación más bien difícil. Entender lo que ha cambiado es un primer paso importante en cualquier ejercicio de comprensión situacional. Ha habido cambios significativos en el entorno competitivo externo de Starbucks, en su capacidad para competir –quizás en su paradigma y propósito fundamental– durante el período en cuestión. No obstante, para profundizar en este análisis necesitamos formular los problemas pertinentes asociados con la pregunta de alto nivel planteada.

Formulación de los problemas

El análisis del problema incluye un mayor refinamiento de las preguntas estratégicas de alto nivel. Una pregunta estratégica de alto nivel siempre consta de múltiples componentes, que reflejan la complejidad del problema que requiere análisis. Una formulación de los problemas nos ayuda a dividir la pregunta estratégica en sus partes componentes más manejables. Los conjuntos de problemas que surgen del ejercicio de formulación se relacionan con los diferentes desencadenantes que inicialmente han dado lugar al problema estratégico. La Figura 2.2 sugiere un modo de abordar esto.

Pregunta estratégica
Ejemplo: ¿Qué ha cambiado?

Problemas
(relacionados con la pregunta estratégica)

Desencadenantes
- Factores internos
- Fuerzas macroeconómicas
- Condiciones límite
- Otros

Procesos organizacionales
- Garantía de calidad
- Relaciones del proveedor
- Formación del personal
- Etc.

Panorama competitivo
- Cambio desfavorable de la coyuntura económica
- Muchos más competidores

Sentido del propósito
- Aspiraciones y sentido del propósito compartidos
- Cultura de la dedicación
- Etc.

(Otro)
Otro

Problemas subordinados e hipótesis

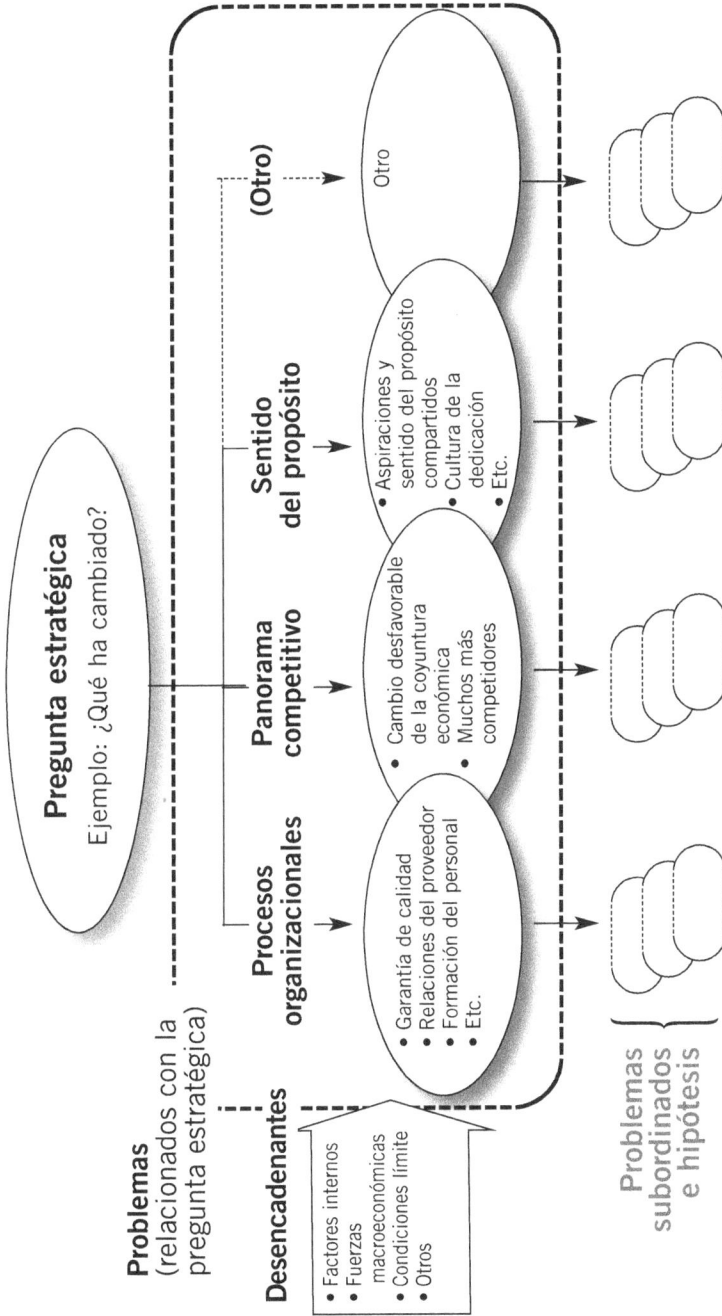

Figura 2.2. Formulación de los problemas; análisis de los problemas subordinados (ilustración de Starbucks)

La pregunta estratégica es examinada desde la perspectiva de los diferentes desencadenantes. Estos podrían estar relacionados con factores internos, tendencias macroeconómicas o condiciones estratégicas límite de la organización. Los conjuntos pertinentes de problemas se identifican para cada uno de los desencadenantes. Este nivel de problemas se puede dividir aún más en problemas subordinados, y así sucesivamente.

Volviendo al ejemplo de Starbucks, un modo de formular los problemas en torno a la simple pregunta de alto nivel "¿Qué ha cambiado?" sería identificar los posibles desencadenantes o fuerzas de cambio en la posición competitiva de la empresa, factores que han conducido a su actual período difícil. En líneas generales, los cambios investigados por la pregunta estratégica han sido provocados por las condiciones cambiantes en un factor, posiblemente dos, o incluso una combinación de factores, en las siguientes tres categorías: (1) cambios en los *factores internos* de Starbucks, (2) cambios en las *fuerzas macroeconómicas externas* y (3) cambios en las *condiciones estratégicas límite* de Starbucks. Luego se identifican los problemas relacionados con cada una de las categorías. Los problemas relativos a los factores internos de Starbucks podrían incluir cambios en los procesos de adopción de decisiones estratégicas y modificaciones en las prácticas de empleo y formación.

En la siguiente categoría –las fuerzas macroeconómicas– esperamos encontrar algún impacto de la actual depresión económica; los factores socioeconómicos también pueden haber cambiado el perfil del cliente típico de Starbucks. Por supuesto, la naturaleza de la competencia –el mayor número de competidores con ofertas comparables de productos y servicios– ha cambiado en los mercados de Starbucks. Finalmente, también podríamos esperar cambios en los valores compartidos y en el sentido colectivo del propósito. El claro sentido del propósito de Schultz expresado como

"…nosotros nunca hemos estado en el negocio del café servido a las personas; siempre hemos estado en el negocio de las personas que sirven café"[8] quizás ya no sea ampliamente compartido por los empleados, ni siquiera por la dirección.

Es evidente que muchos de los problemas asociados con la pregunta estratégica de alto nivel son de origen interno, como aquellos relacionados con los *lapsus* en las prácticas organizacionales y en las normas de calidad. Otros problemas se relacionan con los factores en el entorno económico que están fuera del control de Starbucks. Desde luego, no se puede hacer responsable a Schultz del tráfico negativo de clientes, ya que muchos ex clientes han perdido sus empleos como resultado de la actual recesión económica. No obstante, Schultz necesita comprender las consecuencias de estos factores, así como comprender las consecuencias relacionadas con factores en los que Starbucks *puede* influir.

Los problemas se pueden dividir en grupos de problemas subordinados, como se muestra en la Figura 2.2; y estos, a su vez, se pueden extender aún más. El punto en el cual termina la cascada de problemas está determinado, en gran parte, por el nivel en el cual se debe generar una respuesta estratégica. La experiencia proporciona una orientación sobre dónde es más apropiado el límite.

Suposiciones, hipótesis y lógica predominante. Una hipótesis es una corazonada, una conjetura fundamentada o simplemente una propuesta para ser confirmada mediante una investigación. Las hipótesis sirven como ideas orientadoras y constituyen una primera fase en la formación del discernimiento sobre las preguntas sugeridas por el análisis de los problemas. En realidad, son puntos de vista provisorios que deben ser cuestionados y finalmente confirmados,

---

8. Schultz, en una disertación a los socios de Starbucks en el Reino Unido, con ocasión del 10° Aniversario de Starbucks en el Reino Unido, Londres (octubre de 2008).

modificados o, incluso, refutados[9]. Una suposición es una hipótesis que se ha llegado a dar por sentada. Las suposiciones reflejan nuestras creencias profundas y el paradigma que identificamos con ellas. Shein (1992)[10] define las suposiciones como algo estrechamente relacionado con la cultura de una organización. Se originan en los estratos más profundos de la organización, caracterizados por la estructura inconsciente y tácita que configura los valores y paradigmas de la firma en el campo del subconsciente. Por lo tanto, las suposiciones a menudo son difíciles de discernir.

Sin embargo, las suposiciones determinan cómo identificamos y definimos los problemas, e influyen en nuestra manera de obtener una posible solución[11]. Las suposiciones que hacen los líderes empresariales cuando piensan en su situación competitiva reflejan la mentalidad predominante dentro de la organización. Por extensión, las suposiciones compartidas dentro de una industria reflejan la *lógica predominante de esa industria*. La mentalidad o criterio predominante se manifiesta como *paradigma empresarial*. A su vez, el paradigma empresarial es un conjunto coherente de suposiciones y percepciones que encuentran expresión en las prácticas, los valores y las normas de la empresa. El paradigma empresarial de una organización refleja su realidad inmediata, donde percibe las oportunidades y amenazas en su mercado.

---

9. Burns, R.B., y Burns, R.A. (2008). *Business Research Methods and Statistics Using SPSS.* Londres, Sage Publications.
10. Shein, E.H. (1992). *Organisational Culture and Leadership,* 2ª edición. San Francisco, Jossey-Bass Publishers.
11. Light, P.C. (2005). *The Four Pillars of High Performance.* Nueva York, McGraw-Hill.

Recuadro 2.2. Suposiciones fatídicas de los franceses

La invasión alemana a Francia en mayo de 1940 no debió haber sido la operación fácil que terminó siendo. Los militares franceses eran invencibles. Su cuerpo de oficiales estaba endurecido para la batalla desde la Gran Guerra. Las defensas francesas incluían la impenetrable Línea Maginot y la inteligencia militar francesa era excelente, o al menos eso pensaban los godos. De hecho, no solo ellos, sino también otros pensaban lo mismo. Se dijo que el estado mayor alemán había tramado un golpe contra Hitler ya a fines de 1939 porque pensaba que su plan de atacar Francia era absolutamente demencial.

Entonces, ¿cuál fue el error? El historiador militar Ernest May[12] sugiere que los franceses no lograron cuestionar una serie de suposiciones muy básicas que concernían a sus defensas y a un inminente ataque alemán. Si bien los franceses eran claramente conscientes de la amenaza germana, sobre todo después del ataque *Blitzkrieg* sobre Polonia, estaban preparados para cualquier escenario, excepto el que realmente tuvo lugar. Los franceses suponían que, dado que el bosque de Ardennes era intransitable para los tanques pesados, los alemanes atacarían Francia a través de Bélgica. Por consiguiente, allí fue donde concentraron sus defensas. Otra suposición no cuestionada de los franceses fue que sus fuerzas estaban mejor entrenadas y disciplinadas que las tropas polacas; por eso, pensaron que el escenario de *Blitzkrieg* no venía al caso. Una suposición final que demostró ser fatal para los franceses fue que el alto mando alemán actuaría racionalmente y no intentaría un asalto a través de Ardennes. En este sentido, los franceses no reaccionaron de un modo diferente al de muchas organizaciones actuales: estaban cegados por su casi religiosa creencia en que el pasado es un prólogo de todos los futuros.

---

12. May, E.R. (2000). *Strange Victory: Hitler's Conquest of France*. Nueva York, Hill and Wang; citado en Light, P.C. (2005), citado en nota 11.

En un análisis retrospectivo, sabemos que los acontecimientos se desarrollaron de una manera muy diferente a la esperada por los galos: los alemanes hicieron lo inesperado; el bosque de Ardennes resultó ser transitable, después de todo. El extraordinario éxito de la invasión de Francia se debió en gran parte a los esfuerzos de los generales Erich von Manstein y Heinz Guderian, que perfeccionaron y desplegaron el así llamado "corte de la hoz" (se dice que la metáfora se originó con Churchill), una ofensiva para vencer estratégicamente las fortificaciones francesas y reducir cualquier potencial impacto de las tropas de Francia más numerosas y del material que pudieran tener.

La estrategia *Blitzkrieg* de los alemanes funcionó, tanto en el frente occidental como en el oriental. A pesar de ser más reducidas, las fuerzas germanas derrotaron a Francia en cuestión de semanas. Los aliados simplemente no habían previsto una ofensiva rápida y disciplinada de los alemanes a través del bosque de Ardennes. En su tratado, May aduce que el estado mayor alemán previó correctamente que el alto mando francés (a) despacharía la mayor parte de sus tropas de avanzada a Bélgica; (b) no reconocería durante varios días que esto había sido un error, y por último (c) reaccionaría solo lentamente a las nuevas circunstancias.

Otra acotación histórica de importancia estratégica: Hitler se mostró sorprendido por la falta de ánimo, en vista del éxito fenomenal de los tres días de ataque en la campaña, y ordenó al general Guderian detener su *Panzer* en el río Meuse para esperar que la infantería lo alcanzara. Este habría sido un error táctico importante –que posiblemente hubiera reducido la invasión alemana a una guerra de trincheras al estilo de la Primera Guerra Mundial–. Guderian sabía que cada día perdido les daría tiempo a los aliados para retirarse y reagruparse. Prefirió desobedecer las directivas de Hitler y actuó en concordancia con el principio prusiano del siglo XIX de la *Autragstaktik* (misión comando), que limitaba al cuartel general a establecer los objetivos, mientras se les daba libertad a los comandantes para decidir cómo alcanzarlos. Posteriormente,

Hitler premió a Guderian con un ascenso a teniente general por su audacia e iniciativa, a pesar de haber desobedecido la orden del Führer. La cuestión ha sido planteada: ¿acaso Guderian habría quedado sin castigo por desobedecer una orden en el ejército británico? Probablemente no. Roberts (2003)[13] aduce que esta anécdota muestra la persistente creencia en Gran Bretaña de que los soldados alemanes actuaban como autómatas y obedecían ciegamente las órdenes. Esto parece un mito.

En el caso de Starbucks, las suposiciones son apropiadamente examinadas en el nivel de los problemas principales y subordinados. Un simple ejemplo para ilustrar el tema: Schultz ha expresado en el pasado que "...el patrimonio de la marca [Starbucks] está definido por la experiencia [del cliente], y que esa experiencia es asombrosa"[14]. En sus primeros días, Starbucks fue sin duda el principal jugador en definir esa experiencia en la joven industria de los cafés especiales. Esta suposición ya no tiene vigencia. Han surgido nuevos competidores capaces de proporcionar una experiencia comparable e incluso superior al cliente. Como se adujo antes, este es un acontecimiento macroeconómico del que no puede hacerse responsable a Schultz. De hecho, podría haber sido impulsado por la estrategia de crecimiento singularmente eficaz de Starbucks en su período de rápida expansión. Sin embargo, los competidores que han surgido junto a Starbucks amenazan su posición de liderazgo, aun cuando la recesión está redefiniendo el panorama económico que sentó las bases para el éxito inicial de la compañía.

Las suposiciones y la lógica empresarial predominante deben ser continuamente desafiadas. Los entornos competitivos cambiantes vuelven obsoletas las suposiciones que

---

13. Roberts, A. (2003). *Hitler and Churchill*. Londres, Phoenix, págs. 101-104.
14. Burns, R.B., y Burns, R.A. (2008), citado en nota 9.

surgieron de los éxitos pasados. Los factores clave del éxito cambian a medida que se modifican las condiciones en los mercados de la organización. Cualquiera que sea el origen de los problemas estratégicos de la empresa, es aconsejable que las organizaciones examinen estos problemas a la luz de su paradigma empresarial actual. A menudo, los éxitos pasados son el mayor obstáculo para este ejercicio. Con demasiada frecuencia se supone que los factores determinantes del éxito pasado seguirán invariables en el futuro. Esta es una suposición peligrosa, sobre todo en los entornos competitivos de rápida evolución. Incluso los grandes jugadores en la industria son propensos a fracasar cuando se guían por la lógica obsoleta de la industria.

En ninguna parte esto está mejor ilustrado que en el caso de la industria norteamericana del automóvil. Consideremos particularmente el caso de General Motors (GM). Hace poco, Alex Taylor, un periodista del sector que ha cubierto las novedades sobre GM durante los últimos 30 años, reflexionó sobre sus desdichas actuales[15]. Taylor sugiere que la respuesta más probable del CEO Rick Wagoner a una pregunta sobre por qué General Motors no es como Toyota sería: "...Nosotros hacemos nuestro propio juego; aprovechamos nuestra herencia y fortalezas". Sin embargo, dada la realidad actual de la compañía, hace mucho tiempo que GM debió haber cambiado para llegar a ser como Toyota. Ahora la rica herencia de GM es de escaso uso para la empresa. En cuanto a sus fortalezas, ¿cuáles son? La capitalización de mercado de Toyota es de 103.600 millones de dólares; y la de GM se ha reducido rápidamente a 1.800 millones de dólares. ¡Solo en noviembre y diciembre de 2008 GM requirió US$ 4.000 millones para mantenerse a flote![16] General Motors ofrece un ejemplo

---

15. Taylor, A. (2008). "GM and Me", *Fortune*, 8 de diciembre, págs. 60-67.
16. Saporito, B. (2008). "Is This Detroit's Last Winter?" *Time*, 15 de diciembre, págs. 29-33.

clásico de una lógica de la industria desacertada y de una intuición obsoleta.

No obstante, la situación de General Motors no representa un precedente. Al parecer, la industria del automóvil es particularmente propensa a la lógica inadecuada. La famosa declaración de Henry Ford en 1922: "…cualquier cliente puede tener un automóvil pintado del color que desee, siempre que sea negro", es un testimonio del hecho de que incluso un visionario pionero como él podría terminar ignorando los signos obvios de los gustos cambiantes del cliente. Si bien su robusto y negro Modelo T lo hizo rico, los compradores de automóviles en los años veinte estaban desarrollando un gusto por vehículos y modelos diferentes. Y a fines de la Segunda Guerra Mundial, la resistencia de Ford a cambiar de opinión llevó a la compañía al borde de la bancarrota. Toyota es un caso mucho más reciente. Sus dificultades actuales con las masivas anulaciones han sido atribuidas a la renuencia de su dirección a creer que la compañía podría producir automóviles defectuosos[17].

Estrategia en práctica: el papel de la intuición en la formulación de los problemas

En el próximo capítulo abordaremos con más profundidad el rol de la intuición en la estrategia, cuando lo examinemos en el contexto de la comprensión situacional y la formación de discernimientos. Sin embargo, en el contexto de la formulación de los problemas, la intuición también desempeña un importante papel. La intuición nos ayuda a formular visiones que, a su vez, nos permiten identificar los problemas. Y, además,

---

17. Las referencias a Ford y Toyota fueron extraídas de la reseña de Andrea Sachs (2010) del libro recién editado; y del artículo de Richard S. Tedlow titulado "Denial" [Londres, Penguin] en *Time European Edition*, 175(12), 29 de marzo de 2010.

nos ayuda a formar nuestras suposiciones. Se vale del subconsciente y está relacionada con la percepción y el discernimiento, aunque puede ser independiente de cualquier deducción consciente o racional. Por eso es tan importante que, de cuando en cuando, demos unos pasos atrás y desafiemos los puntos de vista y las percepciones que forman la base de nuestra intuición.

La intuición se manifiesta en una serie de maneras. Tanto si la llamamos "corazonada", *Fingerspitzengefuehl*[18] o presentimiento, se basa en la experiencia y proviene de discernimientos obtenidos de la reflexión, el aprendizaje y el conocimiento empírico, a menudo reunidos durante un largo período. La intuición puede ser muy útil en la identificación y formulación de problemas, sobre todo cuando estos se relacionan con contextos complejos.

No obstante, hay una importante salvedad: la intuición solo es útil si es continuamente desafiada y adaptada a la realidad siempre cambiante. La intuición que no logra reflejar la realidad actual puede ser engañosa, en el mejor de los casos. En el peor, puede resultar fatal cuando la dirección de la empresa se resiste a desafiar sus intuiciones y adhiere ciegamente a la lógica obsoleta de la industria.

La realidad es extremadamente compleja. Muchas fuerzas actúan en forma intrincada y simultánea, de tal modo que el efecto e impacto de cualquier factor sigue siendo inextricable. Los efectos sinérgicos entre los factores pueden crear amplificaciones de los resultados, en las cuales el impacto resultante es mayor que la suma de sus partes. El azar también cumple un papel crucial, porque conduce a probabilidades de resultados que simplemente no se pueden calcular.

---

18. *Fingerspitzengefuehl* se traduce literalmente del alemán como "sensación en la punta del dedo". En un contexto militar, esto sugiere un sexto sentido instintivo: la captación instintiva de una situación táctica y operativa siempre cambiante en el campo de batalla.

Los problemas surgen cuando los gerentes empiezan a hacer declaraciones aparentemente convincentes acerca de la probabilidad de que ocurran esos resultados, pero en la realidad es imposible establecer algún nivel de certidumbre con respecto a la probabilidad de los acontecimientos.

Recuadro 2.3. Los cisnes negros y el pavo de Acción de Gracias

En su reciente *bestseller*, Nassim Nicholas Taleb[19] habla de los "cisnes negros", en referencia a aquellos hechos muy improbables con un impacto potencialmente devastador. Los ejemplos de "cisnes negros" incluyen los ataques terroristas sobre las Torres Gemelas el 11 de septiembre de 2001 y la actual crisis global de los mercados financieros. Taleb aduce, por ejemplo, que casi ninguno de los grandes descubrimientos del mundo fue el resultado del diseño y la planificación. Más bien, fueron "cisnes negros" casuales y, por lo tanto, impredecibles.

Taleb reflexiona sobre los peligros de hacer predicciones aparentemente lógicas acerca del futuro sobre la base de suposiciones que, en realidad, no guardan relación con el acontecimiento final. Ilustra este tema a través de la vida de un pavo americano hasta el momento de su fatídico final el miércoles anterior al Día de Acción de Gracias. Nada ocurre en las jornadas previas al fatídico día, en las cuales el pavo que será sacrificado podría prepararse posiblemente para su sorpresa final. La pródiga alimentación diaria, de algún modo, refuerza la sensación de bienestar del pavo. De hecho, uno podría imaginar que la sensación de seguridad del pavo es mayor cuando el riesgo ha alcanzado su punto culminante: el día antes del sacrificio es el "cisne negro" del pavo.

---

19. Taleb, N.N. (2007). *The Black Swan*. Londres, Penguin; véase también *The Independent on Sunday* (19 de octubre de 2008), "The Visionaries: It's not easy being right", pág. 10.

Taleb aplica este ejemplo a las observaciones generales acerca de la naturaleza del conocimiento empírico y nuestro aprendizaje de los acontecimientos del pasado: la idea es que si algo ha funcionado en el pasado puede resultar fuera de lugar en el mejor de los casos, pero fatalmente engañoso en circunstancias cambiantes.

Resumiendo el capítulo...

- Las preguntas estratégicas representan el punto de partida crítico del proceso de pensamiento estratégico; son sugeridas por las tendencias, los acontecimientos o los cambios en la situación competitiva de la organización.
- Surgen de los problemas que estas condiciones cambiantes provocan en la capacidad que tiene la organización para competir.
- Las preguntas estratégicas que en algún momento tienen un impacto comercial desproporcionado para la organización son relativamente pocas; sin embargo, dar con pocas preguntas erróneas puede tener consecuencias devastadoras para la posición competitiva de la organización.
- Las suposiciones que refuerzan el paradigma y la lógica empresarial predominante deben ser cuestionadas en esta etapa del proceso de pensamiento estratégico; esto requiere esfuerzo intelectual y disposición a abandonar las recetas del éxito heredadas.
- Finalmente, formular las preguntas estratégicas apropiadas es solo el punto de partida del proceso de pensamiento estratégico.

CAPÍTULO 3

COMPRENSIÓN SITUACIONAL Y DISCERNIMIENTO ESTRATÉGICO

Cualquier tonto puede conocer.
Lo más importante es comprender.
Albert Einstein

En este capítulo, nosotros...

- examinamos el papel de la comprensión situacional en el contexto más amplio del proceso de pensamiento estratégico, exploramos algunos de los pilares filosóficos del razonamiento y mostramos por qué son importantes;
- exploramos la comprensión situacional desde las perspectivas espaciales y del proceso:
  - en la perspectiva espacial, examinamos un método de comprensión situacional que relaciona el análisis, la intuición y la interpretación para la deducción del discernimiento;
  - desde una perspectiva del proceso, examinamos cómo ocurre la comprensión situacional en los contextos organizacionales complejos, y cómo se relaciona con el aprendizaje, la interpretación y la atribución de significado en los contextos complejos;
- cerramos con una reflexión sobre la formación del discernimiento: el resultado del proceso de comprensión situacional.

Las organizaciones y sus entornos competitivos se parecen a un terreno desconcertante. Nuestras percepciones con respecto a ese terreno se basan en numerosos aportes de información. Una parte de esa información podría ser incompleta y confusa; otra parte, completamente engañosa. Esto ha sido reconocido hace mucho tiempo en los contextos militares. El gran filósofo militar prusiano Carl von Clausewitz observó en su tratado *Sobre la guerra* que "una gran parte de la información obtenida en la guerra es contradictoria, una gran parte es falsa y, con una gran diferencia, la mayor parte es de carácter dudoso"[1]. Sin duda, algunas de las contradicciones provienen de las circunstancias completamente ambiguas encontradas en la guerra. Sin embargo, algunas son deliberadas. La tergiversación deliberada de la información o el engaño siempre han desempeñado un papel importante en la estrategia militar. En el contexto militar, el engaño radica en la manipulación sutil y la falsificación de la identidad y el propósito. Esto se ha usado para controlar la percepción de la realidad del enemigo y para inducirlo a que actúa sobre la base de ideas falsas. Green (2006) aduce que en la guerra, donde las apuestas son altas, no hay un estigma moral en el uso del engaño[2].

En los entornos empresariales, las apuestas no son menos altas, aunque tienen un carácter diferente. Como en la guerra, también encontramos ambigüedad deliberada y no intencional. Nuestra percepción de la ambigüedad puede ser sometida a múltiples interpretaciones potencialmente opuestas, y todas pueden parecer verosímiles desde algún punto de vista. Kay (2010)[3] afirma que las organizaciones empresariales, al ser organizaciones políticas complejas, sue-

1. Green, J.I. (2003). *Carl von Clausewitz: The essential Clausewitz Selections from "On War"*. Mineola, Nueva York, Dover Publications.
2. Green, R. (2006). *The 33 Strategies of War*. Londres, Profile Books, pág. 305.
3. Kay, J. (2010). "Inquiry – You're Getting Warmer…", *Financial Times* (FT.COM Magazine), 352, 20/21 de marzo.

len estar influidas por individuos y grupos con programas diferentes y potencialmente incompatibles. En este contexto, un análisis sólido y minucioso de la razón fundamental de las decisiones a menudo es posible solamente después de que estas se hayan tomado.

La comprensión situacional consiste en crear coherencia y orden con este confuso telón de fondo de múltiples posibles "realidades". El propósito de la comprensión situacional es introducir cierto grado de objetividad para tener una mejor comprensión de cómo se relacionan los acontecimientos, de los papeles de los actores y las partes en las complejas relaciones competitivas[4]. Esto incluye la deconstrucción y clasificación de la realidad en pequeños fragmentos de discernimiento. Su propósito en la estrategia es identificar aquellos discernimientos que son más pertinentes al problema o tarea inmediatos. En el contexto del pensamiento estratégico, la comprensión situacional es una actividad que tiene lugar en el campo del conocimiento de la organización. Esto es parte de los procesos de aprendizaje y conocimiento de alto nivel de la empresa. Si bien la teoría que lo respalda entra en el campo de la dinámica cognitiva y es rica y profunda a título propio, el propósito de este capítulo es utilizar solo aquellos elementos que el estratega profesional necesita comprender en el contexto del proceso de pensamiento estratégico.

Gran parte de lo que ocurre en las organizaciones en forma continua implica algunos elementos de la comprensión situacional. Esta desempeña un papel particularmente crítico en la estrategia. La comprensión de la situación y la formación de discernimientos son elementos fundamentales del proceso de pensamiento estratégico, y se muestran de un modo esquemático como una etapa después de la formulación de las preguntas estratégicas y los

---

4. Weick, K.E. (2001). *Making Sense of the Organisation*. Oxford, Blackwell Publishing.

problemas pertinentes (Figura 3.1). La comprensión situacional es el proceso; los discernimientos son el resultado de ese proceso y aportan la información para las preguntas y problemas expresados en la primera etapa.

Capítulo

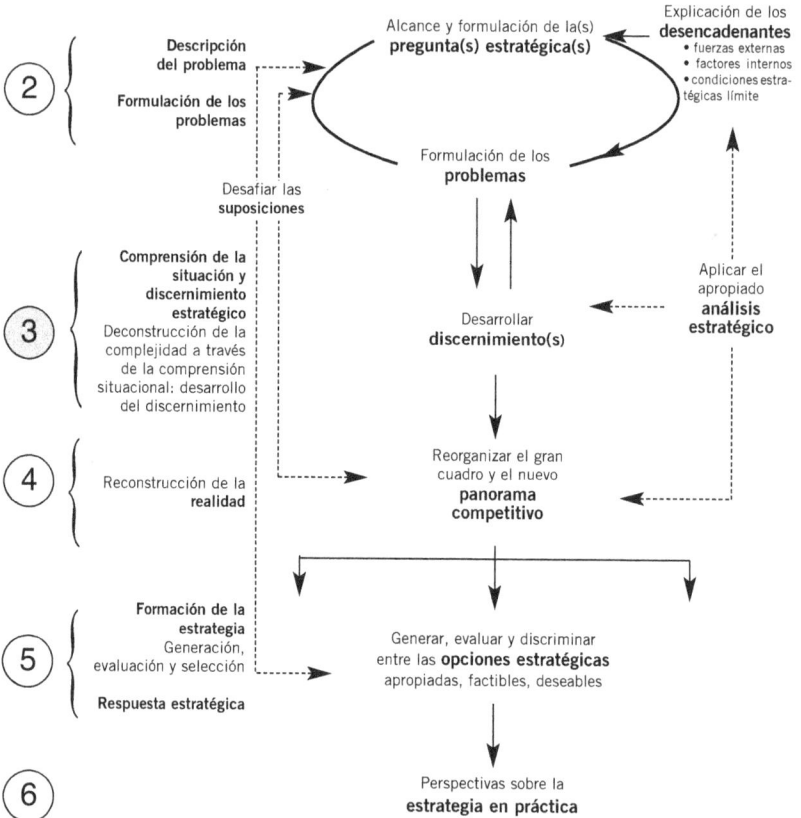

Figura 3.1. Comprensión situacional y formación de discernimientos

La comprensión situacional implica una deconstrucción de la complejidad a través de una combinación sensata de análisis, intuición e interpretación. Este proceso permite la obtención de un significado en el contexto específico sometido a examen. En cierto sentido, es un proceso que conduce a la configuración del "gran cuadro" o modelo. El objetivo de la comprensión situacional es establecer un número suficiente de discernimientos y conectarlos de tal manera que generen un gran cuadro coherente y conectado, aunque inevitablemente incompleto. En la primera sección de este capítulo exploraremos la comprensión situacional; en la segunda parte examinaremos la noción de discernimiento.

Perspectivas sobre la comprensión situacional

La comprensión situacional ha sido tratada con diversas perspectivas en los textos sobre gestión. Desde un punto de vista filosófico, la comprensión situacional se posiciona entre dos conceptos contrastantes de cómo se debería abordar la investigación de las ciencias sociales. Las dos tradiciones, el *positivismo* y el *construccionismo social*, representan enfoques muy diferentes de la comprensión situacional. El *positivismo* se basa en la idea de que la realidad existe en el entorno externo y se deduce a través del razonamiento y la estimación objetiva. Por otra parte, en el *construccionismo social* la realidad se deduce a través de la interpretación inferida de la sensación, la reflexión y la intuición. La tensión que surge entre los dos enfoques en el contexto de la comprensión situacional se explica por las respectivas diferencias en sus fundamentos *ontológico* (relativo a las suposiciones filosóficas acerca de la naturaleza de la realidad) y *epistemológico* (relativo al conjunto general de suposiciones acerca de las mejores maneras de investigar la naturaleza de la realidad)[5]. La Tabla 3.1 resume las diferencias fundamentales. Mientras que el primero deja el análisis completamente fuera del cua-

---

5. Easterby-Smith, M.; Thorpe, R., y Jackson, P.R. (2008). *Management Research.* 3ª edición, Londres, Sage.

dro y pretende establecer explicaciones causales objetivas de las circunstancias y sucesos, el segundo procura inferir el significado y una mejor comprensión a través de la reflexión y la interpretación de los acontecimientos y las circunstancias. Ambos enfoques tienen aplicación en la comprensión situacional. De hecho, en la comprensión situacional necesitamos las contribuciones tanto del análisis racional como de la intuición. Por esta razón, un punto de vista pragmático que utiliza deliberadamente ambos enfoques para el discernimiento es el método preferido en la práctica de la gestión.

Tabla 3.1. Positivismo y construccionismo social: enfoques contrastantes de la comprensión situacional y las consecuencias[6]

	Enfoque positivista	Enfoque del construccionismo social
Puntos de partida	Hipótesis	Significados
Diseños	Experimentación y deducción	Reflexión e intuición
Técnicas	Estimación	Discurso
Análisis	Verificación de los hechos	Interpretación; deducción del significado
Unidades de análisis	Reducción a los términos y elementos más simples	Tratan de captar la complejidad del "todo" colectivo
Explicaciones	Deben establecer y demostrar la causalidad objetiva	Sirven para mejorar la comprensión general de la situación
Resultados	Causalidad	Comprensión

Weick (1979[7]; 1995[8]) basa su perspectiva sobre la comprensión situacional en una conceptualización de las orga-

---

6. Ibídem.
7. Weick, K.E. (1979). *The Social Psychology of Organizations.* 2ª edición, Nueva York, Random House.
8. Weick, K.E. (1995). *Sensemaking in Organizations.* Thousand Oaks, California, Sage.

nizaciones como sistemas "libremente empalmados". Las personas cumplen un papel importante en la interpretación y atribución de significados a los estímulos originados en el entorno externo de la compañía. Aunque, finalmente, el propósito de la comprensión situacional es reducir la "ambigüedad" de la información en el entorno de la organización. Los expertos en gestión Mintzberg (1998)[9] y Choo (2002)[10] consideran que la comprensión situacional contribuye a la estrategia a través de su proceso de construir significados y crear conocimiento. Luego esto conduce a la adopción de una decisión que impulsa la acción. Esta perspectiva es coherente con los postulados de la *nueva* escuela de pensamiento estratégico. La comprensión situacional también ha sido considerada como un proceso de aprendizaje organizacional por pensadores como Nonaka y Takeuchi (1995)[11], Baumard (1999)[12] y otros. En su trabajo más reciente, Weick (2002) también aborda este tema como un proceso de aprendizaje organizacional.

En este capítulo desarrollamos una doble perspectiva sobre la comprensión situacional, que se basa principalmente en los trabajos de Weick, Mintzberg, Nonaka y Takeuchi. En primer lugar, exploramos el tema como un hecho que ocurre en un *espacio de comprensión de la situación* organizacional, como sugiere la Figura 3.2. En la primera sección, examinamos brevemente algunos de los elementos que contribuyen al proceso de comprensión situacional mostrado en la Figura 3.2. Esto proporciona algún discernimiento sobre las

9. Mintzberg, H., Ahlstrand, B., y Lampel, J. (1998). *Strategy Safari*. Nueva York, The Free Press.
10. Choo, C.W. (2002). "Sensemaking, Knowledge Creation, and Decision Making", en Choo, C.W., y Bontis, N. (editores): *The Strategic Management of Intellectual Capital and Organizational Knowledge*, Oxford, Oxford University Press.
11. Nonaka, I., y Takeuchi, H. (1995). *The Knowledge-Creating Company*. Oxford, Oxford University Press.
12. Baumard, P. (1999). *Tacit Knowledge in Organizations*. Londres, Sage Publications.

partes individuales, pero no necesariamente sobre cómo se correlacionan en la formación del discernimiento. Para tener una idea más clara de cómo esas partes contribuyen en forma colectiva a la comprensión de la situación, en la sección posterior exploramos el tema desde el punto de vista de un *proceso*, como una segunda perspectiva. En esta perspectiva, la comprensión situacional es considerada esencialmente como un proceso de aprendizaje organizacional.

Aunque en la Figura 3.2 el proceso se presenta ordenado y relativamente sistemático, debemos recordar que el esquema refleja solo una aproximación de como es en la realidad: muy complejo e iterativo.

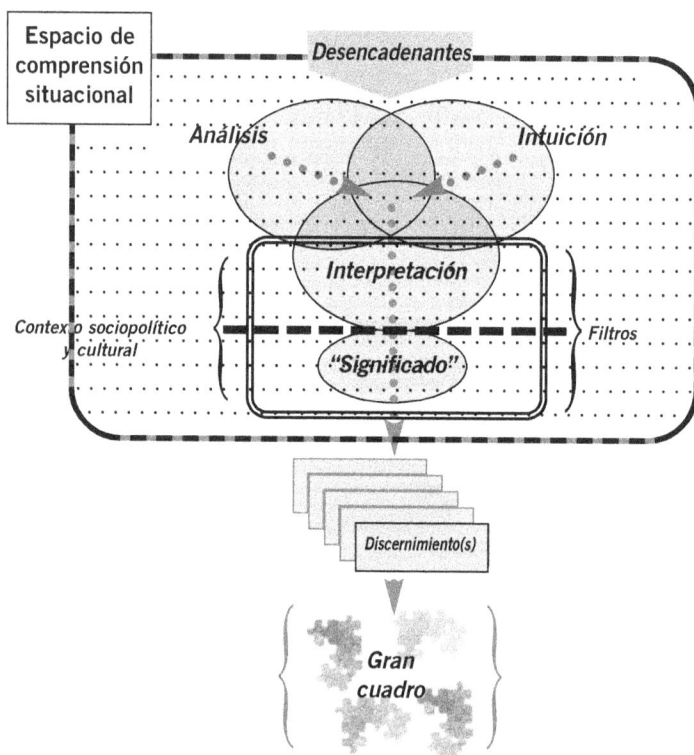

Figura 3.2. La comprensión situacional y la formación de discernimientos

Comprensión de la situación: una perspectiva espacial

A menudo, las organizaciones son consideradas como "cajas negras". Las aportaciones constantes y diversas consistentes en estímulos de todo tipo se procesan y transforman en acción dentro de la caja. En el caso de las "cajas negras" solo vemos entradas y salidas. Una premisa fundamental de este libro es que las organizaciones no deberían ser vistas como cajas negras; que los gerentes pueden y deberían desempeñar un papel central en la manipulación de los resultados a través de la acción informada. Sin embargo, para hacer esto tenemos que ser capaces de escudriñar y comprender el funcionamiento interno de la organización. La comprensión situacional es un elemento clave en este proceso.

Es evidente que las organizaciones son entidades complejas. Nunca tendremos una comprensión total de su funcionamiento interno, por la sencilla razón de que ellas cambian continuamente y operan en múltiples niveles no discernibles a simple vista. Por lo tanto, sin pretensión alguna de comprender cómo ocurre exactamente esto, podemos suponer al menos algunos elementos del proceso de comprensión situacional que contribuyen a la formación del discernimiento.

En términos muy amplios, la comprensión situacional es provocada por los acontecimientos, las circunstancias u otros estímulos que amenazan con cambiar el *statu quo* o que quizás ofrecen nuevas oportunidades de algún tipo. En consecuencia, la comprensión situacional implica una combinación de análisis, intuición e interpretación de los estímulos. Estos elementos son definidos y filtrados por el contexto sociopolítico y cultural dentro del cual ocurre el proceso de comprensión. El contexto determina nuestra percepción; de ese modo, los estímulos que desencadenan la comprensión situacional adquieren un significado; el significado conduce a trozos y fragmentos de discernimiento que colectivamente contribuyen a un gran cuadro en el contexto específico de los acontecimientos, las circunstancias u otros estímulos que provocan la necesidad de comprender la situación. El resultado del ejercicio de comprensión situacional es un discernimiento que conduce a la imagen de un gran cuadro. ¿Pero cómo se forma el discernimiento, qué ocurre en el "espacio de comprensión situacional" que finalmente produce el discernimiento? En realidad, no lo sabemos. Podemos suponer que una parte importante del proceso se desarrolla en los niveles subconscientes de nuestro pensamiento. A lo más, podemos observar el fenómeno.

Estrategia en práctica: reflexiones sobre los mecanismos de comprensión situacional

- La comprensión situacional, nos recuerdan Clegg y otros (2008)[13], es lo que las personas hacen en las organizaciones todo el tiempo, ya sean conscientes o no de ello.
- En las organizaciones y en los colectivos (por ejemplo, los equipos y los grupos), las personas se comprometen en este ejercicio a través de la reflexión y el intercambio de ideas y experiencias.
- Las organizaciones usan una serie de mecanismos de comprensión situacional; las analogías, los modelos mentales, las metáforas y las hipótesis pueden ser mecanismos muy poderosos para captar las dimensiones espaciales en el proceso de comprensión de la situación organizacional.
- Nonaka y Takeuchi (1995)[14] discuten acerca del papel crucial de estos mecanismos en cuanto a los procesos de creación de conocimiento por antonomasia, que de esta manera respaldan la comprensión de la situación; esta comprensión

---

13. Clegg, S.; Kornberger, M., y Pitsis, T. (2008). *Managing Organizations*. Londres, Sage.
14. Nonaka, I., y Takeuchi, H. (1995). *The Knowledge-Creating Company*. Oxford, Oxford University Press.

está inextricablemente conectada con los procesos de aprendizaje de la organización (más adelante en este capítulo discutiremos esto con más detalle).

- Estos mecanismos ayudan a determinar los numerosos indicios y señales que están surgiendo continuamente en los contextos organizacionales, algunos de los cuales podrían ser de breve duración; ellos nos permiten "conectar los puntos", y de ese modo nos ayudan a mejorar nuestra comprensión dentro de un contexto racional más amplio.

Tradicionalmente, el discernimiento ha desempeñado un papel crucial en las ciencias naturales. El discernimiento, en la forma de "momentos de inspiración", ha producido importantes avances en el pensamiento científico, de ahí que sea un campo de esfuerzo lógico para examinar desde un punto de vista cognitivo. Consideremos el siguiente relato de uno de estos acontecimientos trascendentales que produjo el descubrimiento de Kekulé de la fórmula para la molécula de benceno.

Recuadro 3.1. Las serpientes en movimiento y las moléculas

El químico alemán Friedrich August Kekulé von Stradonitz (1829-1896) había estado descifrando la estructura del carbono 6 del benceno durante algún tiempo. En la época se suponía que todos los compuestos orgánicos tenían una cadena abierta de átomos de carbono como columna vertebral. Sin embargo, una serie de propiedades inherentes a ciertas moléculas como el benceno simplemente no se podían explicar mediante la suposición predominante de una estructura recta de la cadena de carbono. El momento de inspiración de Kekulé ocurrió en una visión mientras estaba dormitando frente al fuego. A continuación se transcribe el relato de ese descubrimiento trascendental[15].

15. Horvitz, L.A. (2002). *Eureka!: Scientific Breakthroughs that Changed the World.* Chichester, John Wiley & Sons Ltd.

"Estaba sentado escribiendo en mi libro de texto, pero el trabajo no progresaba; mis pensamientos estaban en otra parte. Di vuelta mi silla hacia el fuego y dormité. Una vez más los átomos brincaban ante mis ojos. Esta vez los grupos más pequeños se mantenían modestamente en un segundo plano. Mi ojo mental, que se volvió más agudo por las repetidas visiones, ahora podía distinguir estructuras más amplias de variadas formas; largas hileras a veces más estrechamente unidas, todas entrelazadas y enrolladas en un movimiento como de serpiente. ¡Pero mira! ¿Qué fue eso? Una de las serpientes se había asido de su cola, y la forma daba vueltas burlonamente ante mis ojos. Como si fuera por un destello de luz, desperté; y esta vez también pasé el resto de la noche calculando las consecuencias de la hipótesis."

¿Cuáles fueron los elementos que finalmente contribuyeron al discernimiento repentino de Kekulé? Desde luego, nunca lo sabremos con exactitud. Los hallazgos de la investigación científica[16] recientemente publicados en el *Journal of Cognitive Neuroscience* sugieren que, si bien las personas quizás no son conscientes de ello, sus cerebros tienen que estar en cierto estado de alerta para que ocurra un discernimiento. Por otra parte, el ensayo informa que el estado del cerebro puede ser detectado eléctricamente varios segundos antes del momento del discernimiento. Al parecer, el pensamiento consciente no conduce al discernimiento; más bien es un proceso inconsciente y solo se produce el discernimiento una vez que llega al nivel consciente.

En el caso de Kekulé podemos suponer con seguridad que fue una combinación de varios factores: su experiencia en la química basada en hechos reales, una gran creatividad y su capacidad para imaginar formas tridimensionales en el mundo

---

16. *The Economist* (2009), 16 de abril, edición impresa.

abstracto, lo cual parece haber trascendido el subconsciente en el momento crítico. Desde la perspectiva de la gestión, no deberíamos pasar por alto la importancia del escenario: una meditación relajada mientras se dormita frente al fuego. ¡Aunque echarse una siestita en la oficina todavía es considerado una infracción al contrato de empleo en la mayoría de las organizaciones!

Comprensión situacional: una perspectiva del proceso

¿Cómo ocurre la comprensión de la situación? En esta sección empezamos por considerar cómo se inicia el proceso de comprensión situacional y se presentan algunos de sus elementos clave. A continuación, consideramos la comprensión situacional desde varios ángulos: exploramos el papel de la interpretación y cómo esto conduce a la atribución de un significado; cómo se relaciona con el aprendizaje. Luego examinamos la comprensión situacional en el contexto de los entornos organizacionales complejos. En las siguientes secciones analizamos, básicamente, aquellos elementos de la comprensión situacional descritos en la Figura 3.2.

Desencadenantes. En el capítulo precedente ya hemos visto qué son los desencadenantes. Vimos que, en términos amplios, estos pueden ser asignados a tres áreas: fuerzas externas o estímulos, sucesos internos, o una combinación de ambos. La comprensión situacional se origina cuando hay una discrepancia entre lo supuesto o esperado, y lo que realmente ocurre. La comprensión situacional es provocada por las interrupciones a las actividades de rutina actuales. Weick[17] destaca la importancia de la novedad en el desencadenamiento de la comprensión situa-

---

17. Weick, K.E. (2001), citado en nota 4.

cional: la novedad podría tener sus orígenes en la discordancia, las brechas de rendimiento, las interrupciones imprevistas, el fracaso inesperado y la incertidumbre causada por acontecimientos externos. Todos estos factores crean la necesidad de una explicación. El propósito de la comprensión situacional es producir explicaciones de la novedad. En la práctica, hablamos de "comprobación de la realidad". Esto ocurre a través de la interacción recíproca entre la búsqueda de información y el intento de atribuir un significado y causalidad.

Análisis. Uno de los subprocesos formales dentro del espacio de comprensión situacional es el análisis puramente racional. Esto constituye un aporte racional a la comprensión de la situación. Es posible suponer que esta actividad ocurre, en su mayor parte, en el campo consciente. Es una actividad predominantemente del hemisferio izquierdo del cerebro, que se centra en el análisis objetivo de los hechos, la información y las cifras. Pero esta forma de comprensión situacional consciente también incluye la aplicación de la heurística –simples métodos prácticos o aplicación deliberada de las lecciones aprendidas–, que puede tener un elemento del conocimiento empírico. El análisis consciente y racional aborda, sobre todo, los estímulos codificados y explícitos. Esto puede ser un obstáculo para la comprensión situacional si solo se limita al análisis puro, ya que se pueden pasar por alto importantes estímulos intangibles.

Intuición. La intuición es una actividad secundaria que ocurre en ausencia de cualquier proceso racional. Parikh y otros (1994)[18] sugieren que la intuición podría ser considerada como un proceso mediante el cual se forma la percepción en varios niveles de la conciencia, que van desde la conciencia lógica hasta el subconsciente. La intuición es

---

18. Parikh, J.; Neubauer, F., y Lank, A. (1994). *Intuition*. Oxford, Blackwell Business.

un fenómeno experimentado internamente que también puede ser influido por elementos externos. Dos componentes de la intuición particularmente pertinentes a la comprensión situacional son la conciencia lógica y los niveles subconscientes.

En el nivel *consciente*, encontramos pautas de reconocimiento a través de una rápida deducción caracterizada por el razonamiento "si… entonces…", cuya rápida recuperación ocurre sin la aplicación consciente de la lógica o del análisis. En el nivel *subconsciente*, el proceso de intuición consiste en utilizar las reservas internas de experiencia y pericia acumulativas desarrolladas quizás durante muchos años, y extraer de este conocimiento profundamente grabado una respuesta, discernimiento o alternativa, sin una comprensión consciente de cómo llegamos a ese particular discernimiento. En la práctica, la comprensión situacional se vale de la conciencia selectiva y del subconsciente más desorganizado y holístico. Parikh y otros (1994) aducen que la sensibilidad a las resonancias que provienen del subconsciente puede ser útil para nuestro pensamiento consciente y suele proporcionar un avance sutil en nuestro pensamiento. El pensamiento subconsciente usa una gran cantidad de información que es en su mayoría desorganizada y mucho más compleja que aquella a la que accedemos en nuestra mente consciente. Estamos conscientemente inhibidos por lo que percibimos como real, mientras que el subconsciente abarca el amplio espectro de lo posible.

La intuición contribuye más eficazmente a la comprensión de la situación cuando estamos en un estado de ánimo relajado y reflexivo. Cuando nos relajamos, suspendemos momentáneamente la organización deliberada del pensamiento (esto también podría ocurrir cuando nos comprometemos en una actividad física rítmica como el jogging). Esto le permite al subconsciente surgir en toda su riqueza de experiencias y conocimientos profundamente grabados. Las nuevas pautas y las relaciones causales entre factores hasta ahora desconectados repentinamente se tornan evidentes, como el momento de inspiración de Kekulé con la estructura anillada de la molécula de benceno.

Interpretación y atribución del significado. El análisis, la intuición y la interpretación ocurren simultáneamente en el espacio de comprensión situacional. El análisis y la intuición proporcionan la información que luego debe ser interpretada para atribuirle un significado. Weick (2001)[19] nos dice que la interpretación es el proceso mediante el cual los datos ingresados en la organización (por ejemplo, a través del análisis o la intuición) se traducen, se desarrollan en modelos para su comprensión y significado y se ponen dentro del contexto. Weick destaca el papel del análisis retrospectivo y la "referencia a" en la comprensión situacional; este significado proviene de la experiencia y la asociación con lo conocido, a menudo solo después del hecho. Como una actividad social, la comprensión de la situación es un proceso en el que las personas co-crean o representan su entorno a través del discurso, la conversación y la narración. Al comprometerse en estas actividades, las personas advierten, deducen y embellecen las señales; estas son las estructuras familiares de las cuales deriva un sentido más amplio de lo que está ocurriendo. Por último, de un modo no sorprendente, Weick describe la comprensión situacional como un proceso que incluye la emoción y que podría provocar confusión.

El significado obtenido a través de la interpretación puede estar muy influido por el contexto sociopolítico o cultural dentro del cual ocurre la interpretación. Nosotros diferenciamos entre escenarios de *alto* y *bajo* contexto. Los primeros se caracterizan por una "sociedad cerrada" centrada en sí misma, y una comprensión implícita de los

---

19. Weick, K.E. (2001), citado en nota 4.

valores, las normas y la comunicación. El conocimiento es pertinente al "aquí y ahora"; es situacional y relacional. El *bajo contexto* es universal, orientado a las reglas y basado en el conocimiento que es transferible y ampliamente aplicable. En los escenarios de bajo contexto las secuencias de tiempo, el espacio, las actividades y las relaciones están separados.

El contexto determina la comprensión de la situación; los contextos imponen filtros sobre la interpretación que reflejan las características sociopolíticas y culturales del entorno. En ciertos escenarios y circunstancias, un contexto específico puede producir una notoria "tergiversación" de la comprensión situacional, como se muestra en el Recuadro 3.2.

La comprensión situacional, como se describe en la ilustración (Recuadro 3.2), marcha de acuerdo con lo que Baumard (1999)[20] define como *territorialidad* del conocimiento en las organizaciones (o incluso en las sociedades), impulsada en parte por la racionalidad limitada de sus actores clave, pero también como un esfuerzo de proteger su conocimiento que ellos asocian con su poder y autoridad.

Recuadro 3.2. Prueba mediante el hierro al rojo vivo[21]

Descripción de la escena: Röthenbach en la Selva Negra en el año 1485. Una asamblea del clero en la corte señorial del conde de Fürstenberg. Una mujer acusada de brujería debe comparecer ante la corte señorial. El conde ha decidido poner la cuestión de la justicia en las manos de Dios. La sospechosa de brujería es sometida a la severa "prueba del hierro al rojo vivo". Mediante este procedimiento, se le exige a la acusada que saque un hierro candente del horno y que dé tres pasos con el hierro en sus manos. Luego, la mano de la sospechosa estaría vendada durante tres días, después de los cuales se exami-

---

20. Baumard, P. (1999), citado en nota 12.
21. Extraído de Oldridge, D. (2007). *Strange Histories*. Londres, Routledge.

naría la herida. Una herida nítidamente cicatrizada conduciría a una declaración de inocencia; una herida manchada o que supure sería causa de condena. La mujer acusada de brujería se sometió a la prueba con confianza (tampoco se le había dado otra opción). De acuerdo con un relato, ella llevó en sus manos el hierro candente no solo en los tres pasos estipulados, sino en seis. Finalmente, fue absuelta y liberada. En una extraña tergiversación de la justicia, el caso atrajo la atención de dos frailes dominicos, Heinrich Krämer y Jakob Sprenger, que condenaron el veredicto en su influyente tratado acerca de la brujería, titulado *Malleus Maleficarium* (1486), sobre la base de que el procedimiento estaba potencialmente abierto a la manipulación demoníaca. Opinión concebible, si se supone que el diablo, un maestro en las ciencias naturales, puede tener la mano de la mujer protegida por algo invisiblemente colocado entre su mano y el hierro candente. De este modo, les advertían a los jueces evitar el uso del juicio de Dios en las futuras pruebas.

La comprensión de esta situación en un contexto social y judicial moderno nos dejaría perplejos. La mujer es primero acusada de un crimen que ahora es considerado como imposible (¿quizás fue su cabello rojo lo que desencadenó la persecución en primer lugar?) y luego se dictamina su inocencia mediante un proceso que parece enteramente arbitrario y azaroso. ¿Fueron irracionales los jueces, y sus actitudes y conducta derivadas de la estupidez o histeria –o posiblemente una combinación de ambas cosas–? Las evidencias reunidas por los expertos en historia medieval y del Renacimiento sugieren lo contrario. Los escritos de este período indican un aprendizaje extensivo y de alto nivel. Incluso los alegatos contra las brujas –que sugieren que ellas se reunían por la noche para sacrificar niños y rendir culto al demonio– se fundamentan en los escritos de los eruditos que basaban sus trabajos en la Biblia y la filosofía de los padres de la Iglesia. La práctica del juicio de Dios, hasta su declinación en el siglo XIII, fue aprobada por algunos de los cristianos más reflexivos y eruditos en Europa Occidental.

La comprensión situacional está determinada por el contexto sociopolítico y cultural. ¿Desde la Edad Media hemos hecho un progreso significativo y sustancial en el pensamiento y las prácticas sociopolíticas y culturales? Yo sugeriría que no necesitamos mirar tan lejos en algunas organizaciones para encontrar ejemplos actuales de resultados de la "comprensión situacional" que, si bien no llegan al extremo descrito en este caso, no nos dejan menos perplejos.

Comprensión situacional y aprendizaje

La comprensión de la situación sirve para ayudar a identificar los trozos y fragmentos de la información estratégicamente importante relacionada con un problema estratégico particular, para seleccionar y filtrar esa información y reunirla en conjuntos de discernimientos que podrían ser pertinentes a un problema particular. Esta es una actividad que requiere del análisis consciente y la intuición para la creación de orden, la selección de paradojas y la comprensión retrospectiva de las situaciones en las que se encuentra la organización[22]. La comprensión situacional es una actividad colectiva que implica interacción y discurso entre los miembros de la organización.

Estrategia en práctica: la comprensión de la situación y algunas suposiciones básicas

Nos basamos en Weick (2001)[23] para elaborar un resumen de algunas de las suposiciones básicas que respaldan la noción de comprensión situacional:

- La comprensión situacional consiste en interpretar la realidad actual, aun cuando tratemos de darle un sentido; reside en captar los flujos, el entorno continuamente cambiante,

---

22. Weick, K.E. (2001), citado en nota 4.
23. Ibídem.

las variaciones en las opciones y la irrevocabilidad en un contexto organizacional y su entorno que están evolucionando[24].

- La comprensión situacional es un proceso retrospectivo, que recurre a una fuente primaria de significado deducido.
- Los símbolos y los procesos simbólicos son aspectos centrales del ejercicio de comprensión situacional; ayudan a asociar las ideas conscientes y subconscientes, proporcionando con eso un significado a los fenómenos complejos.
- La comprensión situacional se vale de las imágenes y los mapas para ayudar a racionalizar las relaciones complejas; estos, a su vez, ayudan a establecer modelos posibles que respaldan la interpretación de la realidad compleja.
- Finalmente, la comprensión situacional es un mecanismo para reducir el carácter equívoco (los múltiples significados) de un contexto ambiguo a un conjunto de significados más manejables y pertinentes (Daft y Weick, 1984[25]).
- La comprensión situacional puede ser considerada un proceso de aprendizaje en el entorno complejo de una organización.

La comprensión de la situación en los entornos complejos

Cuanto mayor es la complejidad de un contexto organizacional, más grandes serán las necesidades de comprender la situación. ¿Pero qué queremos decir con *complejidad*? ¿Qué es la complejidad en un contexto empresarial? Aunque

---

24. DeFillippi, R., y Ornstein, S. (2003). "Psychological Perspectives Underlying Theories of Organizational Learning", en Easterby-Smith, M., y Lyles, M.A. (editores): *Handbook of Organisational Learning and Knowledge Management*, Oxford, Blackwell Publishing.
25. Daft, R., y Weick, K.E. (1984). "Toward a model of organizations as interpretive systems", *Academy of Management Review*, 9 (2), pág. 284

intuitivamente comprendemos qué significa el término, la complejidad es difícil de definir. La expresión latina de la que deriva, *complexus*, sugiere la presencia de elementos que están entrelazados o combinados. Esto indica que la complejidad incluye numerosos elementos conectados de un modo intrincado. Los componentes pueden ser sucesos o partes externas a la organización. En un contexto empresarial, la complejidad se relaciona con la importancia del papel que cumplen las estructuras tácitas y los procesos en el funcionamiento de una organización en particular. Esto quiere decir que las organizaciones complejas dependen de interacciones y transacciones dentro de la organización, que no son directamente obvias para el observador casual.

Se ha sugerido que las organizaciones pueden ser consideradas como sistemas de difícil interpretación y comprensión situacional[26] en los cuales la interpretación y la comprensión de la situación ocurren en tres etapas (Baumard, 1999)[27]:

1. *examen* de una compleja combinación de señales, estímulos e impulsos;
2. *atribución* de significado a la información recogida; y
3. *traducción* de esta información en conocimiento procesable, por medio del aprendizaje organizacional.

Una serie de teorías de aprendizaje organizacional se han propuesto para explicar cómo ocurren realmente estas etapas en las organizaciones. Por lo general, estas teorías se basan en las perspectivas psicológicas y socioculturales de la organización, en la cual el aprendizaje incluye procesos cognitivos de interpretación y comprensión situacional. Estas teorías tratan de explicar los papeles del individuo, así como de los grupos, en este proceso. Una de ellas es el modelo SECI (*socialización, externalización, combinación e internalización*) propuesto por Nonaka y Takeuchi (1995).

---

26. Ibídem.
27. Baumard, P. (1999), citado en nota 12.

Su modelo destaca la naturaleza social del aprendizaje de las organizaciones; explica cómo se transforma el conocimiento entre las modalidades tácita y explícita.

El sistema de Nonaka y Takeuchi refleja una perspectiva japonesa que considera a la organización como una entidad viviente que comprende un sentido colectivo de la identidad y el propósito, en oposición a la visión típicamente occidental de la organización como una *máquina*. Quizás lo que da un crédito particular a la comprensión situacional es que explica los elementos intangibles, así como los elementos tangibles más directamente visibles. La comprensión situacional puede ser considerada como uno de los procesos de conocimiento múltiple explicados por el modelo *SECI*. Por otra parte, este sistema identifica las condiciones favorables apropiadas que respaldan la comprensión de la situación organizacional[28]:

1. *Intención:* asegura el respaldo estratégico del proceso de comprensión situacional y conecta el propósito de la actividad con la creación de valor.
2. *Autonomía:* asegura la flexibilidad apropiada en la adquisición, interpretación y relación de la información a través de una "especificación crítica mínima", estableciendo con eso los parámetros para la comprensión de la situación interna.
3. *Fluctuación/caos creativo:* asegura el estímulo apropiado de la interacción entre la organización y su entorno externo, estableciendo con eso los parámetros para la comprensión situacional de los factores externos.
4. *Redundancia:* promueve los procesos de conocimiento organizacional interno mediante el suministro de información que podría exceder los requerimientos inmediatos de la organización, pero que puede ser pertinente en el futuro.

---

28. Nonaka, I., y Takeuchi, H., citado en nota 11.

5. *Variedad de requisitos:* asegura una suficiente variedad de información para equiparar la diversidad interna de la organización y la complejidad de su entorno externo; además, procura reducir las diferencias de la información dentro de la organización.

Si bien el proceso de creación de conocimiento de Nonaka y Takeuchi empieza con el individuo, el aprendizaje es considerado como algo que ocurre principalmente en los equipos, en un sentido organizacional colectivo. El conocimiento personal llega a ser accesible para la organización a través de mecanismos de transformación apropiados.

Tovstiga y otros (2005)[29] han propuesto un sistema para la comprensión situacional que se basa en el modelo de las transiciones del conocimiento de Baumard, el modelo *SECI* de Nonaka y Takeuchi y el sistema 4I (*Intuición-Interpretación-Integración-Institucionalización*) del aprendizaje organizacional de Crossan y otro (2003)[30], para sugerir cómo ocurre la comprensión de la situación en un contexto organizacional (Figura 3.3) a través de la interacción entre los individuos y grupos de la organización, y los procesos tácitos y explícitos de la misma.

La **intuición** está asociada con el proceso extremadamente tácito del reconocimiento de pautas, sobre la base de un profundo conocimiento del individuo en un campo. Por ejemplo, se trata de la capacidad de un experto para reconocer una pauta en un problema, aspecto que un principiante no podría identificar. A menudo esto refleja la amplia experiencia adquirida a través de muchos años de práctica. En el origen de la intuición está el proceso de transformar

---

29. Tovstiga, G.; Odenthal, S., y Goerner, S. (2005). "Sense making and learning in complex organisations: the string quartet revisited", en *Int. J. Management Concepts and Philosophy*, 1 (3), págs. 215-231.

30. Crossan, M.M., y Berdrow, I. (2003). "Organizational Learning and Strategic Renewal", *Strategic Management Journal*, 24, págs. 1087-1105.

el conocimiento explícito en conocimiento tácito. El individuo internaliza el conocimiento empírico en forma de modelos mentales compartidos y pericia.

Ubicada en el cuadrante superior izquierdo, la **interpretación** es el proceso mediante el cual las personas comparten y explican ideas sobre la base de su propio conocimiento y competencias. Hacen esto a través de palabras y acciones, las cuales pueden ser metáforas, analogías, conceptos, hipótesis o modelos. Sin embargo, las diferencias en la realidad percibida y el contexto experimental dentro de una organización pueden conducir a situaciones potencialmente conflictivas. A veces, esto se observa en las fases de integración posteriores a una fusión empresarial, cuando están en conflicto las culturas de las organizaciones fusionadas. La interpretación es una fase de creación de conocimiento por excelencia, que ocurre principalmente a través de la "externalización".

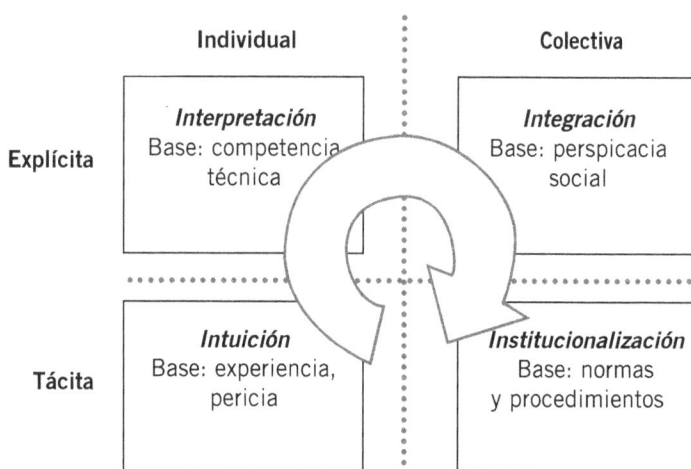

Figura 3.3. La comprensión de la situación en un contexto organizacional

La **integración**, situada en el cuadrante superior derecho, está asociada principalmente con el desarrollo de un entendimiento compartido y con el hecho de emprender una acción coordinada a través de la adaptación mutua. El conocimiento compartido ocurre a través de la interacción social, el diálogo grupal y la narración. El nuevo conocimiento tácito, como los modelos mentales compartidos, puede surgir de esta interacción de aprendizaje. Muy a menudo, este modo de creación del conocimiento está asociado con las teorías de los procesos grupales y la interacción sociocultural. Además, está asociado con la evolución de la perspicacia social.

Finalmente, la **institucionalización** asegura que el conocimiento aceptado y los discernimientos se incorporen a la organización. La institucionalización incluye la combinación de diferentes partes del conocimiento explícito. Este proceso puede promover la aplicación de una estrategia visionaria, conceptos de productos, y rutinas y procedimientos organizacionales. El proceso incluye explicar las instrucciones escritas o incorporar las normas orales. La institucionalización contribuye significativamente a la formalización de la identidad de una organización.

Mintzberg y otros (1998)[31] expresan su apoyo a este punto de vista, sugieren (con referencia a la Figura 3.3) que la *intuición* es un proceso subconsciente (*tácito*) que ocurre en un nivel individual, y que representa el inicio del proceso de aprendizaje. Luego la *interpretación* aborda los elementos conscientes (*explícitos*) del aprendizaje individual, y va de lo individual a lo colectivo, mientras hace la transición a través del nivel grupal situado entre el individuo y el colectivo organizacional (descrita en el modelo de Crossan y otros), donde la *integración* de los discernimientos explicados cambia la comprensión colectiva. Finalmente, la *institucionalización* incorpora ese aprendizaje en la memoria colectiva de la firma, una expresión de lo que se podría encontrar en la cultura empresarial de la organización.

---

31. Mintzberg, H.; Ahlstrand, B., y Lampel, J. (1998), citado en nota 9.

Estrategia en práctica: la comprensión de la situación en el contexto organizacional

Los contextos organizacionales representan escenarios complejos para la comprensión situacional. Los diferentes factores que contribuyen a la complejidad de esta tarea han sido discutidos en la sección precedente. Sin embargo, la comprensión de la situación es un mecanismo organizacional crítico para generar un discernimiento estratégico. Weick (2001)[32] propone estas siete preguntas prácticas a fin de sondear los recursos de la organización para la comprensión situacional:

- *Contexto social:* ¿El contexto organizacional alienta la conversación?
- *Identidad:* ¿El contexto organizacional proporciona a los integrantes un sentido definido de quiénes son y qué representan?
- *Análisis retrospectivo:* ¿Hay suficientes datos para reconstruir los acontecimientos del pasado? ¿Con qué rapidez la organización "olvida" los sucesos importantes?
- *Indicios, indicaciones y evidencias:* ¿El contexto organizacional aumenta la visibilidad de las contribuciones importantes a su proceso de comprensión situacional?
- *Proyectos en curso:* ¿El contexto organizacional fomenta la continuidad general, aun en caso de interrupción?
- *Credibilidad:* ¿El contexto organizacional alienta la reflexión coherente y creíble y el intercambio relativo a los acontecimientos?
- *Ejecución:* ¿El contexto organizacional alienta la acción o la indecisión?

---

32. Weick, K.E. (2001). *Making Sense of the Organisation.* Oxford, Blackwell. [En esta cita, el autor hace una referencia adicional a Weick, K.E. (1995): *Sensemaking in Organisations*, Thousand Oaks, CA, Sage, para dar más detalles sobre las siete propiedades de la comprensión situacional.]

Recuadro 3.3. La "marca" cultural en Bayer AG

[**Cultural:** con referencia al complejo de conductas típicas o características sociales estandarizadas propias de un grupo, ocupación, profesión específica... **Marca:** marcar con un sello; una marca de un simple diseño fácilmente reconocido hecha con un hierro candente... –Información basada en el *Webster's Third New International Dictionary*–].

Las organizaciones abordan sus culturas de diferentes maneras. Las compañías con un rico legado suelen desarrollar poderosas culturas empresariales. Recuerdo mis primeros días en el venerable *Zentrale Forschung* (laboratorio central de investigación) de Bayer AG en Leverkusen, Alemania. Como un recién graduado en ingeniería química, había ingresado en lo que en esa época era uno de los laboratorios de investigación industrial más grandes de Europa. Era el año 1986 y Bayer seguía siendo un arquetípico gigante industrial alemán aferrado a la mentalidad del "Modelo del Rhin".

Una de mis impresiones más conmovedoras de esos primeros días fue ser informado –por uno de los mentores encargados de mi introducción cultural– de que la compañía invertiría un considerable esfuerzo durante los próximos cinco años en mi asimilación dentro de la "familia Bayer"; una experiencia, añadió el mentor –y esto solo lo dijo medio en broma–, que equivaldría a ser "marcado" con la emblemática "Cruz de Bayer" (los alemanes suelen tener una predilección por las imágenes vívidas). ¿Qué significaba esto? Varias cosas. Yo estaba siendo preparado para una larga carrera en la compañía. Las personas que entraban en Bayer preveían un empleo de por vida, y tenía que ser una vida cómoda. Bayer intentaba cumplir sus compromisos con su personal: un sueldo excelente, beneficios que incluían un seguro de salud de primer orden y clínicas de proximidad, beneficios extra como hipotecas con una baja tasa de interés para la adquisición de una vivienda, un fuerte compromiso con el equilibrio trabajo-vida personal y una sólida identidad empresarial para asegurar la

93

lealtad de los empleados a la compañía. Bayer'04, su primer equipo de fútbol patrocinado, fue solo una de sus muchas concesiones.

El modelo funcionó bien a través de los años. La lealtad a Bayer fue a menudo expresada por los años y las generaciones que una familia había trabajado para la compañía. La movilidad laboral en el contexto alemán predominante significaba una rotación en el trabajo dentro del Grupo Bayer. Una parte de la preparación incluía el adoctrinamiento cultural; otra parte era una formación continua en el desarrollo de la gestión, ya que las compañías alemanas desarrollaron en esa época sus propios recursos de gestión (las maestrías en administración de empresas eran en su mayor parte desconocidas en la industria alemana). Bayer estaba dispuesta a invertir en una persona cinco años de lo que se esperaba que fueran treinta o más años de carrera en la compañía. La "marca cultural" de Bayer era no perder la oportunidad; esto incluía una rica mezcla de reuniones obligatorias, rituales de iniciación empresarial y seminarios externos de introducción cultural. Pero también comprendía una rigurosa formación interna sobre temas de gestión, como la dirección financiera, llevada a cabo en seminarios de una semana de duración en *Kaderschmieden*, como el *Universitaetsseminar der Wirtschaft* en la *Schloss Gracht*, una academia de administración fundada y compartida por un consorcio de conglomerados de la industria alemana con sede en un castillo medieval no lejos de Colonia.

La integración cultural, la unidad de criterios y los valores y normas de Bayer estaban en juego. El rico legado de la compañía: sus historias; por ejemplo, el descubrimiento de la aspirina por el químico de Bayer Felix Hoffmann en 1897; su papel no del todo cuestionado en el complejo industrial IG Farben en la Segunda Guerra Mundial; su resurgimiento en la posguerra como Bayer AG, y su fenomenal crecimiento y éxito. Todo esto fue parte de la rica tapicería que formaba el telón de fondo de la identidad y cultura de la compañía. En suma, en una verdadera lealtad con sus partes interesadas, Bayer proporcionó todo lo que se requería para tener una larga carrera con la compañía. A cambio, la firma esperaba una lealtad recíproca de sus empleados.

No es de extrañar, entonces, que mi decisión de dejar la compañía después de cinco años provocara un gran desconcierto entre los colegas, expresado en comentarios apenas velados: "…¿Cómo puedes dejar la 'familia Bayer' después de solo cinco años?". Sin embargo, de algunos pocos también oí: "…Es una buena idea irte ahora, vete mientras todavía puedas hacerlo… ¡Ojalá me hubiera ido hace diez años, ahora ya no puedo!".

Formación del discernimiento

La comprensión de la situación conduce a la formación del discernimiento. La diferenciación competitiva adquirida por una organización empieza con un discernimiento único. Pietersen (2002)[33] aduce que la batalla por el discernimiento superior es, en realidad, el punto de partida de la competitividad. El discernimiento ha sido definido como la percepción clara y profunda de una situación, la comprensión a menudo repentina de una situación compleja o la captación intuitiva de la naturaleza interna de las cosas[34].

El discernimiento es el resultado del proceso de comprensión situacional que, a su vez, está íntimamente relacionado con el proceso de aprendizaje organizacional. Prahalad y Bettis (1986)[35] sugieren que la comprensión de la situación organizacional que conduce al discernimiento ocurre mediante un proceso que se basa en los sis-

---

33. Pietersen, W. (2002). *Reinventing Strategy*. Nueva York, John Wiley & Sons, Inc.
34. Diccionario Webster en línea [http://www.websters-online-dictionary.org/].
35. Prahalad, C.K., y Bettis, R.A. (1986). "The dominant logic: A new linkage between diversity and performance", *Strategic Management Journal*, 7, págs. 485-501.

temas de conocimiento preexistente y los modelos o esquemas mentales. Los autores expresan que los esquemas están formados no solo por creencias, teorías y valores relacionados con el legado, sino que también están influidos por los objetivos de la organización, ya que estos, a su vez, influyen en el tipo de información que acumula la organización.

Mintzberg y otros (1998) sugieren que, si bien el origen del discernimiento puede seguir siendo misterioso, su presencia no lo es. Esta es una capacidad para captar el significado más profundo de un problema y cómo este problema encaja en el cuadro más grande, junto con otros fragmentos de discernimiento. El discernimiento se vale de otras habilidades además del razonamiento analítico. De hecho, gran parte de lo que conduce al discernimiento no puede ser verbalizado y se relaciona particularmente con las imágenes y la abstracción espacial, como nos recuerda la experiencia de Kekulé (Recuadro 3.1). Por lo tanto, podría decirse que el discernimiento es un resultado de la actividad del hemisferio derecho del cerebro, mucho más que un ejercicio del izquierdo. Mintzberg (1994)[36] lo sugiere en su reflexión sobre lo que considera que es "la parte más blanda de la información dura", y el uso limitado de esa información dura para formar el discernimiento:

- La información dura es limitada en sus alcances y, simplemente, no abarca la riqueza de los factores económicos no cuantificables.
- A menudo la información dura pierde gran parte de su importancia estratégica a través de la acumulación y simplificación.
- Una gran parte de la información dura carece de inmediatez; simplemente, no se puede recurrir a ella cuan-

---

36. Mintzberg, H. (1994). *The Rise and Fall of Strategic Planning*. Nueva York, The Free Press.

do más se la necesita, ya que requiere tiempo para llegar a ser accesible.

- Aunque parezca extraño, la mayor parte de la información dura es poco fiable; está sujeta a prejuicios y tergiversación a través del proceso.

Estrategia en práctica: la comprensión situacional y sus limitaciones en las organizaciones

Clegg y otros (2008)[37] aducen que muchos errores estratégicos, originados por las falsas percepciones de los gerentes sobre las limitaciones de su esfera de influencia, son indicadores de las deficiencias para comprender y utilizar los resultados de la comprensión situacional en la organización:

- Muchos gerentes todavía abordan la adopción de decisiones estratégicas mediante el uso de herramientas y procedimientos de planificación, que suponen el mundo representado por estos como algo controlable y racional.
- Los resultados están determinados en gran medida por el éxito de la comprensión situacional en la organización, así como por el grado hasta el cual la comprensión situacional contribuye a una idea común y compartida frente al telón de fondo de diversos factores.
- La comprensión situacional procura reunir diferentes intereses, disciplinas, conocimientos básicos y relaciones de poder y, en lo posible, contribuye a la conciliación de esos intereses dentro de las organizaciones.
- Cuando las estrategias fracasan, a menudo es por la incapacidad de los gerentes para reconocer el contexto organizacional como lo que realmente es: un escenario muy politizado y disputado propenso a la conducta irracional de parte de sus miembros.

---

37. Clegg, S.; Kornberger, M., y Pitsis, T. (2008), citado en nota 14.

Resumiendo el capítulo...

- La comprensión situacional procura crear significado y discernimiento a partir de la información y el conocimiento explícito y tácito.
- Se vale tanto del razonamiento analítico como de la intuición, las corazonadas y otras aportaciones "blandas" que constituyen elementos integrales del conocimiento tácito.
- A menudo, el conocimiento tácito abarca las aportaciones más críticas y pertinentes al proceso de comprensión situacional.
- El conjunto colectivo de aportaciones desafía los enfoques mecanicistas tradicionales del análisis, debido a la naturaleza intangible de las aportaciones importantes.
- El reto de la comprensión situacional, para los gerentes, es determinar cómo se crea y desarrolla el apropiado contexto y cultura de la organización para que la comprensión situacional ocurra más eficazmente: ¿se requiere un entorno propicio para la reflexión profunda, la confianza y el intercambio colectivo de discernimientos, experiencias, conocimientos y aprendizaje?

CAPÍTULO 4

ANÁLISIS ESTRATÉGICO

> *Todos los modelos y sistemas de análisis*
> *son inherentemente defectuosos; no obstante,*
> *algunos son útiles.*
> (Oído por casualidad en Silicon Valley)

En este capítulo, nosotros...

- examinamos y reflexionamos de un modo crítico sobre el motivo principal del análisis estratégico;
- presentamos dos sistemas "paraguas" de análisis estratégico y discutimos su aplicación para generar un discernimiento estratégicamente pertinente;
- mostramos cómo estos sistemas de alto nivel pueden guiar todo el proceso estratégico a través de la incorporación o integración de una serie de enfoques, modelos y métodos individuales;
- examinamos y discutimos las limitaciones del análisis estratégico.

Capítulo

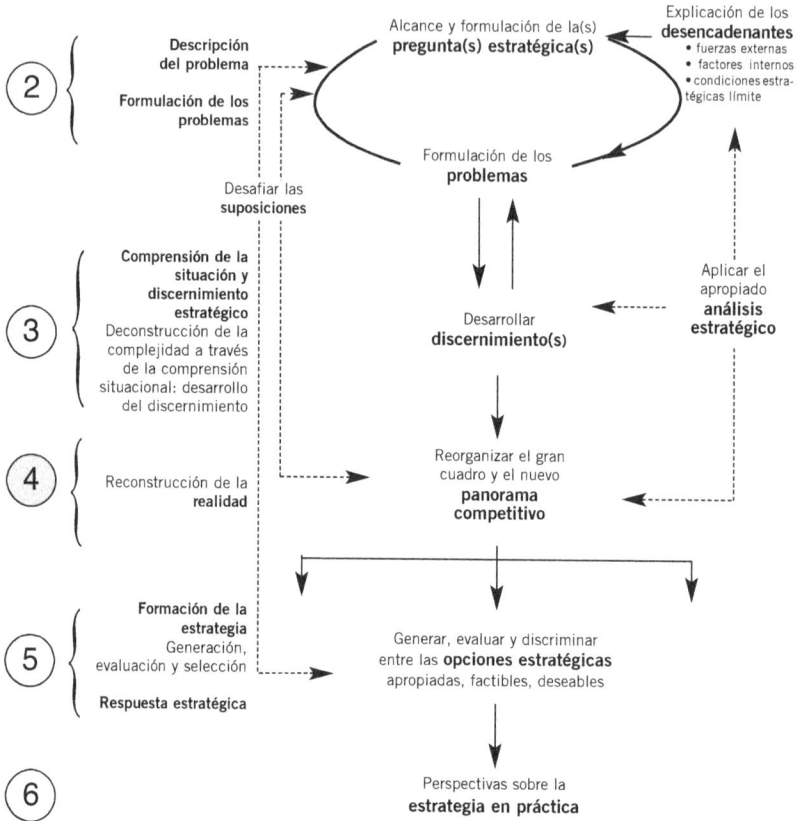

Figura 4.1. Análisis estratégico

En el proceso de pensamiento estratégico, el análisis estratégico desempeña un papel crítico. Como se sugiere en la Figura 4.1, cumple al menos tres propósitos. En primer lugar, sirve para ayudar a dividir las preguntas estratégicas y los problemas asociados en sus partes integrantes. Ayuda a identificar los desencadenantes que sugieren la pregunta estratégica. En segundo lugar, el análisis estratégico constituye la base para la formación de partes y fragmentos del discernimiento. En el capítulo precedente, examinamos este aspecto en el contexto del razonamiento analítico consciente que forma uno de los subprocesos que operan en el espacio de comprensión situacional. En tercer lugar, nos guía en la reconstrucción de las partes y fragmentos del discernimiento, al proporcionarnos el marco para generar el "gran cuadro" requerido para la formación de la estrategia.

El análisis estratégico se basa en una combinación multidisciplinaria de procesos científicos rigurosos e informales que se usan para obtener correlaciones, identificar y evaluar tendencias, pautas y brechas de rendimiento. Guía nuestro pensamiento cuando reunimos los diferentes discernimientos generados a través del análisis y la intuición. Además, se utiliza para identificar y evaluar oportunidades, a medida que surgen en el entorno competitivo de una organización. Finalmente, ayuda en la selección y evaluación de las estrategias apropiadas para buscar esas oportunidades. Un buen análisis requiere datos fiables y mucha práctica. Cuanto más se practica el análisis estratégico, más competente se llega a ser. El análisis estratégico correctamente realizado es un trabajo difícil. Es una de las tareas más arduas que le corresponden a un estratega.

En los últimos años, el análisis estratégico ha sido sometido a una considerable crítica en los círculos de gestión. Las consultoras de gestión son al menos parcialmente responsables de esto. Los consultores de estrategia han sido muy hábiles para lanzar al mercado una serie de herramientas, metodologías, sistemas y técnicas de análisis. Hoy existen literalmente cientos de herramientas y técnicas de análisis disponibles. Sin embargo, el proverbio "basura entra, basura sale" es válido aquí tanto como en otras partes.

Jacobides (2010) aduce que, dada la nueva realidad competitiva que hoy afrontan casi todas las organizaciones

–una turbulencia irrefrenable y sin precedentes–, la mayoría de los enfoques del análisis estratégico racional ya no son adecuados[1]. El problema, desde el punto de vista de Jacobides, reside en el hecho de que la mayoría de los métodos estratégicos simplifican demasiado la realidad. Ofrecen muy poco discernimiento porque suponen, implícita o explícitamente, que las fronteras de la industria son constantes y bien definidas; además, sugieren que las organizaciones saben con exactitud quiénes son sus competidores, proveedores y clientes. Estos son los verdaderos parámetros propensos al cambio.

Aun en los casos en los que algunos sistemas demuestran validez sobre una gama limitada de parámetros, la información inadecuada, ya sea porque es obsoleta, incompleta o no pertinente, los hace incluso inútiles. Además, la información puede ser deliberadamente mal empleada. Tratar de conseguir ciertos porcentajes de rendimiento es un ejemplo. Consideremos el porcentaje de "rendimiento de fondos propios" (ROE, *return on eqiuty*). Muchas compañías desean un mejor rendimiento de ellos. ¿Qué podría ocurrir con eso? Procurar un alto rendimiento de los fondos propios fue una práctica normal en Lehman Brothers. Pero, finalmente, resultó ser su perdición. Lehman Brothers ya no existe porque ese rendimiento alentó a su Dirección a solicitar demasiados préstamos, aun cuando aparecían en el horizonte los primeros indicios de una recesión económica. Sin embargo, esto no fue a causa de los fondos propios, sino de que la deuda en los malos tiempos no produce los mismos beneficios que en los buenos tiempos. Lehman ignoró este hecho. Puso en práctica el apalancamiento extremo al reducir los fondos de la proporción en el denominador temerariamente bajo. Al hacer esto, Lehman ajustó

1. Jacobides, M.G. (2010). "Strategy Tools for a Shifting Landscape", *Harvard Business Review*, enero-febrero 2010, págs. 77-84.

sus cifras e incluso pagó a sus ejecutivos de acuerdo con esa medida. Tratar de conseguir el porcentaje inapropiado puso a la compañía en un camino mortal. Muchos otros porcentajes, como el margen bruto y los beneficios por acción (BPA), son igualmente propensos a ser mal empleados. Es relativamente fácil hacer que parezcan buenos, mientras se deteriora el verdadero saldo comercial de la empresa[2].

Recuadro 4.1. De modelos y hombres

La reciente crisis financiera que comenzó en 2007 ha causado un devastador golpe a la credibilidad de las teorías y modelos analíticos usados en la predicción del comportamiento de los mercados financieros. Una en particular, la "hipótesis de los mercados eficientes" o *HME*, ha estado sometida a una dura crítica. Su fundamento: el precio de un activo financiero refleja toda la información disponible que es pertinente a su valor. Wall Street llegó a sacar poderosas conclusiones de esta suposición relativamente simple. Esto significa que, si la HME se mantiene, entonces los mercados pondrán un precio correcto a los activos financieros, y las desviaciones del equilibrio no durarán mucho tiempo. Ideas como la HME, además de la matemática compleja que las describe, han dado lugar a la profesión de "ingeniería financiera" de Wall Street. A través de los años ha surgido una serie de productos financieros del esfuerzo subsiguiente: derivados financieros y titulizaciones, permutas y obligaciones de deuda colaterales cada vez más intrincadas. En la época de su aparición, se pensaba que estas invenciones estaban haciendo a los mercados financieros más seguros y a la economía más saludable. Solo gradualmente los

---

2. Colvin, G. (2010). "Value Driven", *Fortune European Edition*, 161(1), 18 de enero, pág. 11.

escépticos empezaron a cuestionar la validez de los modelos. La verdad es que la mayoría de las titulizaciones y contratos derivados se han desarrollado precisamente como predijeron sus modelos que lo harían. Incluso se ha aducido que las excepciones provocaron la catástrofe financiera.

¿Entonces, qué ocurrió? Myron Scholes, que ganó el Premio Nobel en 1997 por sus contribuciones a la fórmula Black-Scholes sobre la valoración de opciones, uno de los modelos más ampliamente usados en la industria de las finanzas, ha aducido en defensa de la HME que "hay modelos, y hay hombres que usan los modelos". El problema, según Scholes, no radica en la validez de estos, sino en cuáles son usados por Wall Street y la City (la comunidad financiera de Londres). Los analistas financieros introdujeron datos en los modelos que, incorrectamente, sugerían que las condiciones eran mucho más benignas de lo que fueron en la realidad. Por otra parte, los mismos suponen que los mercados se comportan de un modo racional.

Los economistas partidarios del behaviorismo, que aplican los discernimientos de la psicología a las finanzas, han sido particularmente escépticos con la racionalidad de los mercados. Ellos aducen que no solo los seres humanos se comportan de una manera irracional, en particular frente a las pérdidas; las personas pueden estar demasiado seguras de sus propias capacidades y suelen extrapolar las tendencias recientes para proyectarlas en el futuro; de ese modo, extienden la aplicabilidad de los modelos usados mucho más allá de sus límites de validez.

El debate, sin embargo, no ha terminado, ni mucho menos. Hasta la fecha, no ha surgido ningún modelo nuevo que reemplace el paradigma de la hipótesis de los mercados eficientes. Y la economía behaviorista todavía no ha proporcionado una evidencia de cómo afecta esto a los precios. Una vez más, lo que vemos es que no son los modelos sino el factor humano lo que introduce el riesgo a través de la conducta irracional y el juicio erróneo. ¿Acaso un nuevo enfoque que intente conciliar los puntos de vista racional y behaviorista, como la "hipótesis de los mercados adaptativos" (con raíces en la ciencia evolucionista), proporcionará un mejor paradigma? Esperamos que no sea necesaria otra catástrofe financiera para responder claramente a esta pregunta.

Fuente: The Economist, "Financial economics: Efficiency and beyond", 18 de julio de 2009.

Sin embargo, podría decirse que las críticas contra el análisis estratégico han sido infundadas. En realidad, el problema no reside en el análisis, sino en su aplicación errónea y en la fe ciega que muchos gerentes depositan en ella. Los gerentes se encuentran cómodos con las cifras; todo lo que sea "duro" para justificar una decisión importante, aun cuando las cifras sean en su mayor parte inaplicables. También debemos recordar que todos los sistemas simplifican demasiado la realidad de la gestión, que es invariablemente compleja. De ahí que todos los sistemas sean defectuosos debido a la excesiva simplificación de la realidad. Aunque esto no los hace inútiles. Recuerdo el cuento de los diez hombres ciegos que tocan un elefante. Cada uno toca y trata de describir una parte diferente. Cuando comparan las notas sobre su experiencia, observan que cada uno explicó su perspectiva individual de la realidad. Si bien sus perspectivas son muy diferentes, los diez hombres están tratando de describir al mismo elefante. Lo mismo sucede con la aplicación de los sistemas, las herramientas y los métodos del análisis estratégico; todos ilustran una pequeña parte de esa compleja realidad. Solo cuando estas perspectivas se consideran colectivamente y se integran en forma apropiada podemos empezar a ver un modelo emergente que, aunque incompleto, proporciona una aproximación al gran cuadro. Esto es todo lo que podemos conseguir para la adopción de una decisión estratégica. No obstante, cuando se combina con la intuición y la interpretación, incluso una aproximación puede ser adecuada para tomar una decisión estratégica. Lo más positivo de esto es que nuestros competidores no son mejores que nosotros en este sentido.

Por lo tanto, la verdadera habilidad en el análisis reside en la selección de las herramientas apropiadas del análisis estratégico y su integración para llegar a un discernimiento óptimo. Los sistemas deben ser seleccionados por su aplicabilidad, adaptabilidad y potencial para crear un discernimiento. Huelga decir que no todos los sistemas de análisis estratégico son igualmente útiles. Una serie de sistemas todavía en amplia circulación están volviéndose obsoletos, aunque han surgido nuevos sistemas para reemplazarlos. Las herramientas del análisis estratégico pueden ser útiles: si se seleccionan y aplican apropiadamente, ayudan a orientar y apoyar nuestro pensamiento, pero nunca lo reemplazarán.

Mis experiencias a través de los años como profesional de la dirección han reforzado mi opinión de que pocos sistemas de análisis estratégico apropiadamente seleccionados y aplicados pueden producir discernimientos poderosos. Esto no quiere decir que ignoremos la complejidad de un contexto empresarial. Sin embargo, sugiere que lo importante es cómo usamos los sistemas, mientras somos plenamente conscientes de sus limitaciones. Como regla general, la validez y fiabilidad de los datos constituyen los factores limitantes más importantes en el análisis estratégico.

De acuerdo con mi experiencia, el mayor beneficio de usar un sistema a menudo ni siquiera está relacionado con su rendimiento real, sino con su potencial para centrarse en el debate sobre el tema inmediato en la mesa de la sala de juntas. Por lo general, los gerentes superiores no están muy dispuestos a escuchar y son propensos a extraer de una discusión solo lo que ellos quieren oír. En estas situaciones, incluso, la simple actividad de comprometerse colectivamente con los parámetros sugeridos por un sistema –sin tomar en consideración los resultados finales– puede ayudar a formular las preguntas apropiadas y orientar el pensamiento colectivo en la dirección correcta.

En este capítulo examinaremos dos enfoques de alto nivel para el análisis estratégico. Ambos han resultado ser muy útiles en el trabajo con altos ejecutivos y estudiantes de administración de empresas. Los dos enfoques son poderosos porque representan sistemas "paraguas"; comparan e integran una serie de sistemas individuales de análisis estratégico. Los sistemas individuales de análisis, si bien son relativamente simples *per se*, generan discernimientos útiles cuando son combinados de manera apropiada para proporcionar un análisis integrado. El poder de estos dos enfoques discutidos en detalle deriva de su carácter integrador; reúnen una serie de sistemas y modelos, mientras proporcionan una estructura para el proceso global de pensamiento estratégico. Guían el pensamiento desde la fase de comprensión situacional hasta la reconstrucción del "gran cuadro" y el nuevo panorama competitivo de la compañía.

Estos enfoques, como otros sistemas útiles, centran la atención en la esencia de la competitividad de una organización. Esta podría ser su posición relativa para detectar dónde están las oportunidades de creación y distribución de valor, su posición competitiva actual en la entrega de ese valor, o una indicación de la dirección estratégica requerida para alcanzar ese objetivo.

Análisis de oportunidad-respuesta (O-R)

El análisis de *oportunidad-respuesta* reúne una serie de herramientas y técnicas del análisis estratégico que colectivamente tienen el potencial de producir discernimientos muy útiles. El sistema consiste en dos simples curvas que se cruzan.

Una de ellas, definida por una función decreciente, representa la *oportunidad* del mercado como se presenta en el entorno competitivo externo de la organización. La otra curva, definida por una función creciente, representa la respuesta de la firma a esa oportunidad del mercado. La respuesta de la compañía refleja necesariamente su posición competitiva. Cada vez más, la posición competitiva de la empresa está determinada por su conocimiento, de ahí que esta curva se mencione a veces como la curva de *conocimiento* de la compañía. En su forma gráfica más simple, este enfoque parece haber sido propuesto por primera vez por DeGenaro[3] en 1991, aunque, como veremos más adelante, su base lógica tiene sus raíces estratégicas en un sistema propuesto por Andrews[4] en 1971. El esquema es esencialmente una representación gráfica del simple sistema FODA (*fortalezas, oportunidades, debilidades y amenazas*). Si bien a veces es menospreciado por su simplicidad, el análisis FODA puede ser bastante útil si se utiliza con perspicacia; por ejemplo, si se usa no solo para proporcionar una visión instantánea, sino también cuando se utiliza como un análisis de las tendencias. Esto es lo que representa el conjunto de curvas que forman la base del sistema de *oportunidad-respuesta* en la Figura 4.2. Los ejes verticales representan la oportunidad de los mercados emergentes y en desarrollo (alta a baja) y la posición competitiva de la firma (débil a fuerte), respectivamente. La abscisa es un eje del tiempo. La curva '1' es una función decreciente que representa las oportunidades: esencialmente, las oportunidades y amenazas (OA) externas en un análisis FODA. La curva '2' es una función creciente que representa la posición competitiva de la firma: esencialmente, las fortalezas y debilidades (FD) internas del correspondiente análisis FODA.

---

3. Miller, W.L., y Morris, L. (1999). *Fourth Generation ReD*. Nueva York, John Wiley & Sons, Inc., págs. xv-xvi.
4. Andrews, K.R. (1971). *The Concept of Corporate Strategy*. Nueva York, Richard D. Irwin. [*El concepto de estrategia de la empresa*, España, Ediciones Orbis, 1984.]

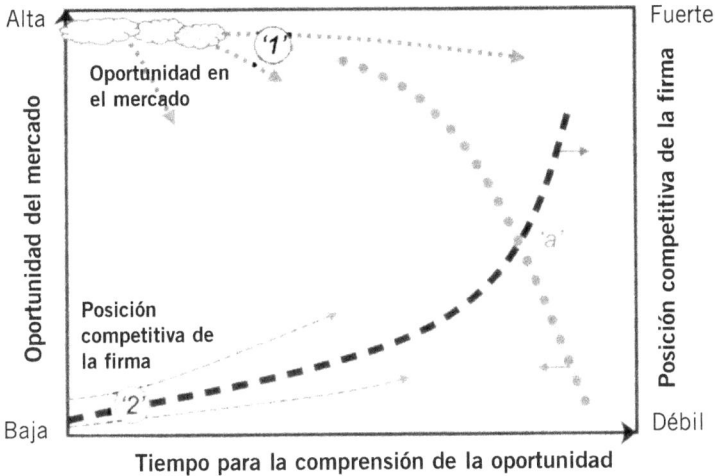

Figura 4.2. Posición evolutiva de la firma en relación con las nuevas oportunidades del mercado

Es necesario reconocer que esta descripción de la posición competitiva de una firma respecto a la oportunidad en su entorno competitivo es una obvia simplificación. En la realidad, esperamos encontrar trayectorias múltiples que surgen de un conjunto de nubes de oportunidades potenciales, algunas de las cuales se disipan y desaparecen más rápidamente, otras flotan vacilantes en el aire, mientras que algunas se materializan como verdaderas oportunidades del mercado (sugerido en la Figura 4.2 por las múltiples trayectorias que surgen del origen nebuloso). Esta es una representación relativamente acertada de la realidad, en la que esperamos que aparezcan oportunidades en los entornos que están en constante flujo, y donde el cambio es impulsado por múltiples fuerzas, como las necesidades cambiantes del consumidor, las nuevas tecnologías y la actividad de los competidores. Las nuevas oportunidades surgen tanto para los nuevos aspirantes como para los participantes, aunque el flujo de beneficios de estos últimos es el que invariablemente está en riesgo (Teece,

2009)[5]. Algunas trayectorias, como la miniaturización, la compresión y la digitalización en las tecnologías de la información y la comunicación, fueron relativamente fáciles de reconocer[6]. Asimismo, las oportunidades pueden surgir de asimetrías en el acceso a la información existente (Kirzner, 1973)[7] o de la información y el conocimiento enteramente nuevos, como podría surgir de los esfuerzos en I+D (Schumpeter, 1911[8] y 1934[9]).

Algunas oportunidades podrían ser demoradas en su realización; un ejemplo ha sido la expansión de las licencias para la tercera generación (3G) de telecomunicaciones del UMTS (Sistema Universal de Telecomunicaciones Móviles) en 2000. La licitación de las licencias desató una puja frenética entre los proveedores de telecomunicaciones en pleno auge de las puntocom. Los operadores de móviles de todo el mundo, aunque sobre todo en Europa, terminaron pagando un total de 125.000 millones de dólares por las licencias para desarrollar y operar redes 3G que solo mucho más tarde empezaron a producir algunos de los beneficios previstos por las compañías compradoras.

La curva de más baja trayectoria (curva '2') representa la posición competitiva de la organización con respecto a la oportunidad del mercado emergente. Esto lo indica una curva descrita por una función creciente (Figura 4.2) que en algún punto (marcado con una 'a') se cruza con la curva

---

5. Teece, D.J. (2009). *Dinamic Capabilities and Strategic Management*. Oxford, Oxford University Press.
6. Teece, D.J.; Pisano, G., y Shuen, A. (1997). "Dynamic Capabilities and Strategic Management", *Strategic Management Journal*, 18(7), págs. 509-533.
7. Kirzner, L. (1973). *Competition and Entrepreneurship*. Chicago, University of Chicago Press.
8. Schumpeter, J. (1911). *The Theory of Economic Development: An Inquiry into Profit, Capital, Credit, Interest and the Business Cycle*. Cambridge, Massachusetts, Harvard University Press.
9. Schumpeter, J. (1934). *The Theory of Economic Development*. Cambridge, Massachusetts, Harvard University Press.

de la oportunidad del mercado. Es en este punto que la organización tiene los medios competitivos para aprovechar la oportunidad en el mercado. Durante el período requerido para evolucionar hasta ese punto, la organización adquiere y desarrolla los recursos, capacidades y atributos organizacionales necesarios para distribuir con éxito el valor definido por la oportunidad del mercado. Por consiguiente, la trayectoria de la organización representa su posición evolutiva en cuanto a su curva de *aprendizaje* o *experiencia*.

Aquí es necesario aclarar algunos puntos. En primer lugar, describir la trayectoria de aprendizaje de la organización con una curva uniforme es una simplificación sustancial. En realidad, la trayectoria de aprendizaje de la firma no será necesariamente uniforme ni continua. En segundo lugar, para cualquier oportunidad del mercado que aparezca en el horizonte, habrá siempre una serie de organizaciones competidoras, todas tratando de aprovechar la misma oportunidad. Por lo tanto, en la realidad encontramos múltiples trayectorias competidoras (mostradas por el conjunto de curvas '2' que tienen como objetivo la misma oportunidad, aunque no todas empiezan desde la misma posición competitiva, debido a los legados únicos y las dependencias de las firmas competidoras) y algunas pueden desaparecer a lo largo del camino.

Este sistema nos induce a pensar sobre la correspondencia entre lo que una organización *puede* hacer en algún momento (fortalezas y debilidades organizacionales) y lo que *podría* hacer (oportunidades y amenazas competitivas) dentro del contexto competitivo más amplio. El concepto fundamental ha tenido vigencia durante algún tiempo. El sistema describe lo que antes fue concebido por Kenneth R. Andrews en su clásico libro *The Concept of Corporate Strategy*[10], ya en 1971. La estrategia, en la definición de

---

10. Andrews, K.R. (1971), citado en nota 4.

Andrews, consiste en la coincidencia entre lo que la firma *podría* hacer, dadas las oportunidades en su entorno competitivo (oportunidades y amenazas), y lo que *puede* hacer sobre su base interna de competitividad (fortalezas y debilidades). La influencia del sistema de Andrews fue reconocida desde el principio. Sin embargo, los gerentes carecían de enfoques sistemáticos para obtener los discernimientos requeridos a fin de evaluar apropiadamente ambas curvas.

El trabajo sobre la estrategia competitiva de Porter (1980)[11] proporcionó un primer avance importante. Propuso un paradigma de *estructura-conducta-rendimiento* basado en la economía industrial-organizacional para investigar las oportunidades y amenazas. Otros avances posteriores en la estrategia, que se centraron en la base interna de la competitividad, explicaron la otra parte de la ecuación: las fortalezas y debilidades. Si bien hubo una serie de pensadores influyentes que contribuyeron al pensamiento sobre la base interna de competitividad, el trabajo de Hamel y Prahalad (1989, 1990)[12] es sobresaliente. Su concepción, de gran influencia en la evolución de nuevas ideas, suponía que los orígenes de la ventaja competitiva están dentro de la organización. Las competencias estratégicas, las capacidades, el aprendizaje y el conocimiento adquirido constituyen el núcleo de la estrategia de la organización. Esto desplazó el enfoque estratégico del entorno externo al contexto interno de la compañía. Los dos puntos de vista, más bien dispares, fueron finalmente resueltos por la *visión basada en los recursos* de la firma, que reconoce la importancia de los recursos y capacidades estratégicas de la organización, pero no en forma aislada sino en el contexto de su

---

11. Porter, M.E. (1980). *Competitive Strategy: Techniques for Analyzing Industries and Competitors.* Nueva York, The Free Press.
12. Véase Hamel G., y Prahalad, C.K. (1989). "Strategic Intent", *Harvard Business Review*, mayo-junio; Prahalad, C.K., y Hamel, G. (1990). "The Core Competence of the Corporation", *Harvard Business Review*, mayo-junio.

entorno competitivo externo[13]. Desde esta perspectiva, el sistema de *oportunidad-respuesta* representa un método de análisis que asocia el entorno competitivo externo y la base interna de competitividad de la organización.

Entonces, ¿cómo podemos utilizar el sistema de *oportunidad-respuesta*? Se puede usar en varias etapas.

Primera etapa: análisis contextual

En la primera etapa del análisis, podemos usar el sistema para ayudar a desarrollar una comprensión del entorno externo de la organización. Los atributos de la curva '1' (Figura 4.2) son captados por una serie de sistemas que exploran la naturaleza del entorno competitivo externo. Un buen punto de partida es el análisis PESTEL (acrónimo de *político, económico, social, tecnológico, entorno, legislativo*). Los factores sugeridos por este sistema indican los impulsores del cambio en el entorno. Otro sistema de análisis que se podría usar es el *factor clave del éxito* (KSF, *key success factors*). Los *factores clave del éxito* representan las reglas del mercado; están determinados por el mercado y no por las firmas. Como tales, captan los factores determinantes de la competencia eficaz; los competidores más eficaces en el respectivo mercado son aquellos que poseen los factores de éxito pertinentes. En su libro *Blue Ocean Strategy*, Kim y Mauborgne (2005)[14] recurren, al menos parcialmente, al análisis del *factor clave del éxito* para la identificación de los "factores competitivos clave" de una industria. Un discernimiento más profundo del análisis del *factor clave del éxito* se puede lograr mediante la diferenciación entre *factores calificadores* y *factores ganadores*. Otro sistema de análisis competitivo externo es el análisis de la *cadena de valor*

---

13. Collis, D.J., y Montgomery, C.A. (2008). "Competing on Resources", *Harvard Business Review*, julio-agosto 2008, págs. 140-150.
14. Kim, W.C., y Mauborgne, R. (2005). *Blue Ocean Strategy*. Boston, Harvard Business School Press.

de la industria, que podría ser usado para indicar dónde están los "puntos calientes" de la creación de valor en la cadena de valor de la industria y sus pautas de migración. Otros sistemas podrían incluir el método *5 - Fuerzas* de Porter (que indica la naturaleza de la competencia en la industria), y el *análisis de la madurez de la industria*, a veces mencionado como "análisis de la curva S".

Del mismo modo, la curva '2' representa los atributos de los medios competitivos de la organización en algún punto a lo largo de la abscisa del tiempo. Esta curva capta los recursos de la organización, sus capacidades, sus atributos organizacionales que incluyen su cultura, su estructura y, finalmente, su dirección y liderazgo; en suma, su realidad actual. Se pueden usar varios sistemas para captar los atributos individuales de la posición competitiva de la organización. Por ejemplo, es posible realizar un examen de los recursos estratégicos para evaluar la disponibilidad de capacidades y recursos estratégicamente importantes de la organización. Estos corresponden a una de tres amplias categorías: los *activos físicos* de la organización, sus *activos financieros* y sus *activos intelectuales*. Las capacidades de la organización están distribuidas a través de las diferentes categorías de sus activos intelectuales, que ampliamente agrupados incluyen su capital humano, su capital estructural y su capital relacional. El método propuesto por Birchall y Tovstiga (2005)[15] proporciona un marco para el examen sistemático de las capacidades de la organización en cuanto a su posición competitiva y la relación de esa posición con el impacto competitivo de sus capacidades. Otros sistemas útiles para evaluar la base de competitividad de la organización incluyen el análisis de la *cadena de valor interna* de Porter, los exámenes de la cultu-

---

15. Birchall, D.W., y Tovstiga, G. (2005). *Capabilities for Strategic Advantage – Leading through technological leadership*. Basingstoke, Palgrave Macmillan.

ra organizacional, como el análisis *UROG* (reglas de juego no escritas) de Arthur D. Little[16], y enfoques como el sistema *McKinsey 7-S*[17].

Hoy en día, el profesional de la estrategia no necesita ir muy lejos para optar por un método que le resulte adecuado: hay literalmente cientos de sistemas, modelos y enfoques disponibles. La mayoría es una variación o extensión de algunos pocos modelos básicos. No parece haber un límite para el grado de sofisticación introducido en muchos de los sistemas en circulación. Varios sitios web, como *http://www.value basedmanagement.net/*, ofrecen enlaces con una serie abundante de herramientas y sistemas analíticos. Algunos son más poderosos que otros. Si bien todos muestran limitaciones relacionadas con su gama de aplicabilidad, la mayor limitación reside en la fiabilidad y validez de la información que usan los sistemas cuando se aplican. La clave para el uso de los sistemas de análisis estratégico estriba en cómo se aplican.

Estrategia en práctica: sobre el uso de los sistemas de análisis estratégico

- *Las partes del gran cuadro.* En primer lugar, todos los sistemas, los modelos y las técnicas son simplificaciones de la realidad; por eso necesitamos desafiar su aplicabilidad para un análisis dado, tanto como necesitamos cuestionar la calidad de las aportaciones una vez que decidimos usarlas. Empleado con propiedad, cada sistema ofrece una pieza de discernimiento, aunque pequeña. Estas son las partes del gran cuadro que estamos tratando de construir. Sin embargo, los discernimientos son solo tan válidos y tan fiables como la información que se incorpora en el análisis. Este es un cuadro acumulativo

---

16. Scott-Morgan, P. (1994). *The Unwritten Rules of the Game.* Nueva York, McGraw-Hill Professional.
17. Peters, T.J., y Waterman, R.H. (1982). *In Search of Excellence.* Nueva York, Warner Books.

construido con varios fragmentos de discernimientos. Seleccionar el sistema apropiado, llevar a cabo un buen análisis y luego reunir las piezas requiere práctica y habilidad.

- *Análisis de tendencias, no instantáneos.* En segundo lugar, muchos sistemas –como el análisis PESTEL, el análisis del *factor clave del éxito* y el análisis de la *cadena de valor* (de la industria e interno)– a menudo son usados para desarrollar un análisis instantáneo en cualquier punto de la abscisa del tiempo. Pero se pueden obtener discernimientos sustancialmente más poderosos mediante la extensión de estas técnicas al análisis de las tendencias. El análisis de las tendencias nos cuenta historias de un modo en que los instantáneos son incapaces de ofrecer. Cuando se representa gráficamente un análisis PESTEL, las tendencias indicadas por simples vectores (por ejemplo, la dirección de la flecha indica la orientación general del cambio; su longitud indica la magnitud del cambio) se suman a la transparencia y fuerza expresiva del análisis.

- *Cantar la misma página del himno.* Finalmente, el verdadero valor de llevar a cabo un análisis no reside necesariamente en la corrección absoluta del resultado del análisis. En muchas situaciones, como en el caso de los mercados emergentes, ninguna cantidad de análisis producirá una respuesta totalmente "correcta". Por lo tanto, el verdadero valor del análisis radica en el enfoque y la disciplina que se aplican al pensamiento y el debate en la mesa de la sala de juntas, aun cuando el resultado sea un "acuerdo sobre aquello en lo que hay disenso". Con ese fin, los sistemas de análisis apropiados –particularmente cuando se presentan en un rotafolio o una pizarra– pueden contribuir a canalizar el pensamiento, y ayudan a los gerentes superiores a conciliar sus opiniones y "cantar la misma página del himno".

El resultado de la primera etapa del análisis de *oportunidad-respuesta* es una estimación del panorama competitivo externo de la organización y una evaluación de su contexto competitivo interno. Si se complementa con un análisis de las tendencias, este proporciona algunos indicios de la dinámica de los contextos interno y externo, es decir, de los ritmos en los cuales ambos están cambiando.

Segunda etapa: análisis estratégico

Una vez que hemos usado el sistema de *oportunidad-respuesta* (Figura 4.2) para establecer la posición competitiva actual de la firma con relación a las oportunidades y amenazas que se presentan en su entorno externo, podríamos preguntar: ¿Y ahora qué? Bien, deberíamos empezar por explorar las consecuencias competitivas para la organización. Ante todo, tenemos que admitir que hay pocas cosas que una firma individual pueda hacer para influir directamente sobre la situación en su entorno competitivo externo. Por lo tanto, ¿esto deja a la organización con la única opción de sondear y escudriñar su entorno competitivo externo para detectar las oportunidades y amenazas, y orientar su curso estratégico únicamente sobre esta base? De hecho, esto fue lo que ocurrió en las décadas de los setenta y ochenta, cuando el paradigma de la *estructura-conducta-rendimiento* dominaba el pensamiento estratégico.

Sin embargo, la *teoría basada en los recursos de la firma* sugiere una opción alternativa. Hemos visto antes en este capítulo que la posición competitiva de la empresa puede ser creada y fomentada en respuesta a las oportunidades y amenazas del mercado, a través de una planificación astuta de las fuerzas internas de la firma: sus recursos y capacidades. Teece (2009)[18] ha sido un firme defensor del enfoque basado en los recursos. En su opinión, no importan tanto las posiciones que las compañías ocupan en el panorama de una industria, como lo que realmente *hacen*; cómo captan las señales de las oportunidades que surgen en su entorno, cómo reconfiguran sus propias ideas y capacidades para desarrollar nuevas ofertas de valor innovadoras, y cómo las lanzan al mercado. Teece aduce que las *capacidades dinámicas* y *distintivas* son la clave para estas actividades,

---

18. Teece, D.J. (2009), citado en nota 5.

ya que las capacidades dinámicas se definen como "la habilidad para percibir y luego aprovechar las nuevas oportunidades, y para reconfigurar y proteger los activos del conocimiento, las competencias y los activos complementarios, a fin de lograr una ventaja competitiva sostenida"[19].

Las tres actividades que se muestran esquemáticamente en el contexto de un sistema de *oportunidad-respuesta* en la Figura 4.3 corresponden a la definición de capacidades dinámicas de Teece, aunque cambia su secuencia. Cada actividad representa una capacidad dinámica. La primera actividad, indicada con una (a) es la *percepción*. Se centra en detectar y estimar correctamente las trayectorias de las oportunidades, a medida que surgen en el entorno externo de la

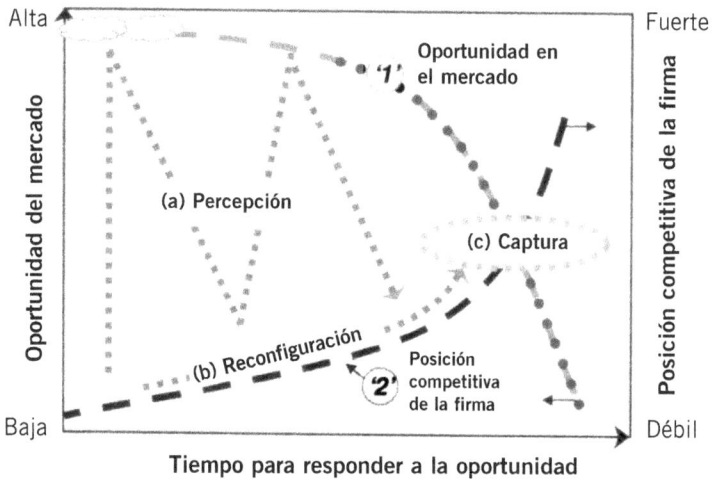

Figura 4.3. Las capacidades dinámicas en respuesta a una oportunidad del mercado

---

19. Ibídem, pág. 206.
20. Andrews, K.R. (1971), citado en nota 4.
21. Grant, R.M. (1991). "The Resource-Based Theory of Competitive Advantage: Implications for Strategy Formulation", *California Business Review*, primavera, págs 114-135.

firma. Sobre la base del resultado de esta actividad, se reconfiguran los recursos y las capacidades [indicado por la actividad (b), *reconfiguración*]. Finalmente, cuando los recursos y capacidades se han reconfigurado apropiadamente para adaptarlas a la oportunidad, la compañía despliega otras habilidades, a fin de aprovechar y capturar la oportunidad [indicada por la actividad (c), *captura*].

Teece (2009) señala que los recursos y las capacidades no se combinan y reconfiguran fácilmente para formar nuevas capacidades. Más bien lo hacen como resultado de una acción deliberada y decidida de parte de los gerentes. En su opinión, esto requiere un esfuerzo empresarial. La Figura 4.4, que se basa en el trabajo de Andrews (1971)[20] y Grant (1991)[21], muestra cómo la actividad centrada en adaptar los recursos y capacidades a las oportunidades en el entorno se podría llevar a cabo en la práctica. Al respecto, propone un plan para una respuesta deliberada y expresamente concebida por la firma sobre la base de sus recursos y capacidades. Mientras que Grant (1991) establece una distinción entre recursos y capacidades, Birchall y Tovstiga (2005)[22] ven las capacidades como un subconjunto de recursos básicos de la firma, como una posible expresión de sus recursos. Las capacidades son, por definición, manifestaciones del conocimiento organizacional y dependen del aprendizaje para su desarrollo. De cualquier modo que se definan los recursos y capacidades, el objetivo de la evaluación es comparar lo que la compañía *podría* hacer sobre la base de las oportunidades en el entorno, y lo que *puede* hacer actualmente como resultado de sus recursos y capacidad.

El sistema mostrado en la Figura 4.4 se puede usar en combinación con el sistema *VRIO* (acrónimo de *valioso, raro, imitable* y *organización*) descrito en la Figura 4.5.

---

22. Birchall, D.W., y Tovstiga, G. (2005), citado en nota 15.

El VRIO se utiliza para seleccionar recursos y capacidades por su potencial impacto estratégico.

El sistema descrito en la Figura 4.6 muestra la respuesta de la firma a una oportunidad percibida en su entorno externo, expresada como lo que la firma *podría* hacer. La oportunidad es producida por algún cambio en el contexto externo de la firma. La respuesta da lugar a una evaluación de los recursos y capacidades de la compañía en vista de la oportunidad, lo cual da como resultado una idea de lo que la firma *puede* hacer. Sobre la base de esta evaluación, se identifica la estrategia que mejor aprovecha las capacidades de la organización. Al mismo tiempo, se identifican las brechas en los recursos y las capacidades disponibles y se inicia la acción para cerrarlas.

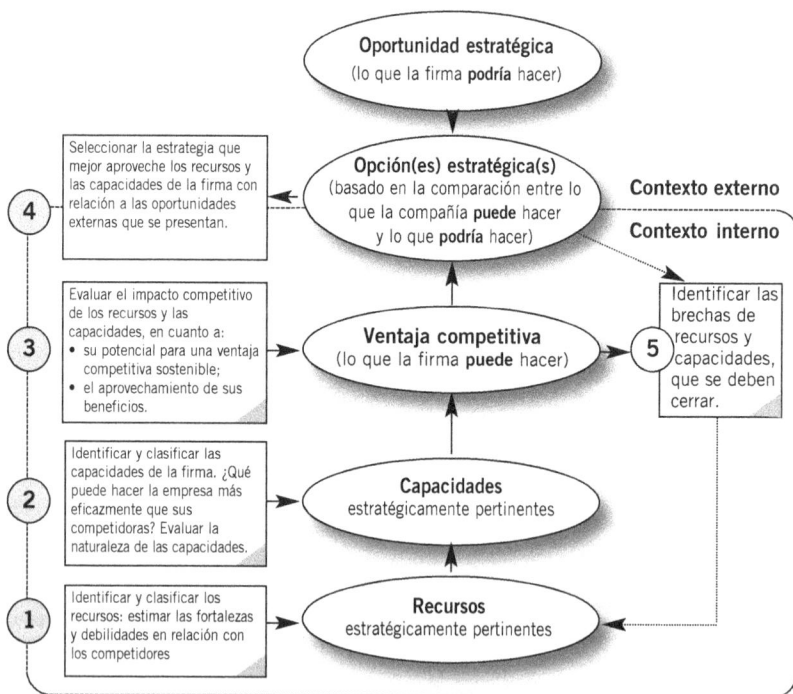

Figura 4.4. Enfoque de respuesta a la oportunidad, basado en los recursos y las capacidades

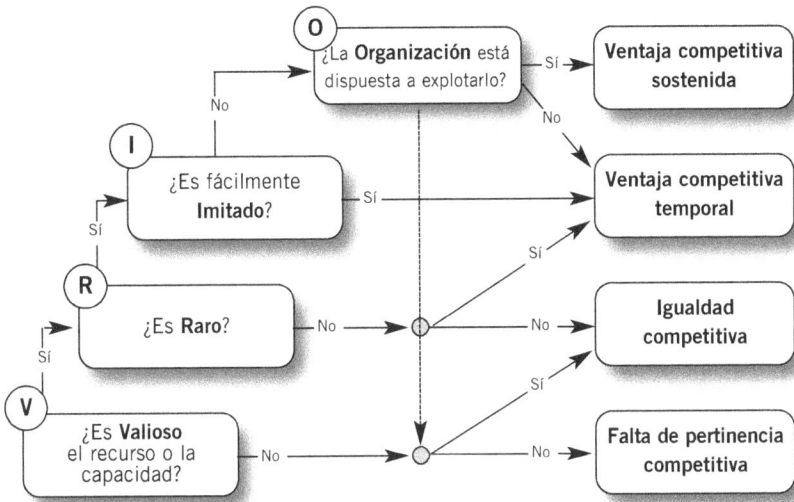

Figura 4.5. Sistema VRIO para analizar el impacto estratégico de los recursos y las capacidades (basado en Barney y Clark, 2007[23])

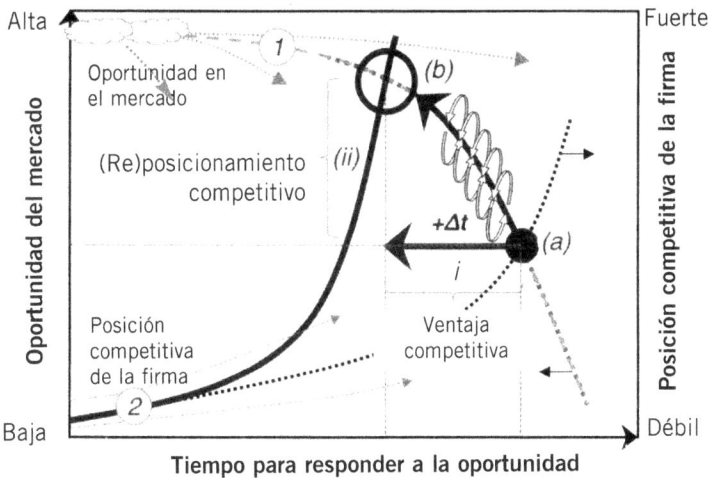

Figura 4.6. Reposicionamiento competitivo en relación con las oportunidades del mercado emergentes

23. Barney, J.B., y Clark, D.N. (2007). *Resource-Based Theory*, Oxford, Oxford University Press, págs. 69-71.

Teniendo en cuenta el enfoque basado en los recursos, podemos volver al sistema de análisis de *oportunidad-respuesta* y mostrar fácilmente el resultado de una respuesta útil y deliberada de la firma sobre la base de sus recursos y capacidades. La Figura 4.6 indica una trayectoria alternativa que representa la posición competitiva de la organización y se cruza con la curva de la oportunidad del mercado (1) en el punto (b), en lugar del punto (a). Esta trayectoria alternativa representa un cambio lateral y vertical de la posición competitiva de la organización en relación con su trayectoria original (indicada por la línea quebrada). El desplazamiento lateral descrito por un vector horizontal en el punto (a) representa la ventaja competitiva obtenida por la organización al llegar al mercado antes de lo previsto originalmente. Desde luego, la suposición es que su trayectoria acelerada ha permitido el acceso de la organización al mercado, antes que sus competidoras. Si la firma logra hacer esto, la ventaja competitiva (indicada por la letra 'i') se traduce en una ventaja de *tiempo*, o de ser el *primero en llegar al mercado.*

Esta ventaja es mensurable en cualquiera de los modos característicos en los que son recompensados los primeros por derrotar a la competencia. No se debe subestimar el hecho de obtener una ventaja de tiempo para llegar al mercado. Sin embargo, hay un segundo factor que a menudo se pasa por alto, y está asociado con la ventaja de ser el primero. Este factor es el cambio vertical (indicado con las letras 'ii'). Además del cambio en la posición del "primero", hay un reposicionamiento de la base de competitividad de la organización. Una curva del aprendizaje organizacional acelerado refleja el esfuerzo deliberado de parte de la organización dirigido a transformar sus medios competitivos: sus recursos estratégicos, sus capacidades, la cultura organizacional y, quizás, incluso su dirección y liderazgo.

Por último, en la Figura 4.6 la transición a lo largo de la curva de la oportunidad del mercado (1) desde el punto (a) hasta el (b) representa la gama de opciones estratégicas desplegada por la organización para lograr su posición competitiva acelerada. Esto podría incluir el crecimiento orgánico interno, el crecimiento externo a través de la asociación estratégica, o quizás una combinación de las dos opciones.

Limitaciones. Como ocurre con todos los sistemas, el propósito y utilidad del sistema de *oportunidad-respuesta* reside ante todo en la orientación que puede dar a nuestro pensamiento estratégico. Aunque, necesariamente, proporciona un cuadro de la realidad simplificado y por lo tanto deformado. Esto es algo que debemos tener en cuenta, en todo momento. Las oportunidades del mercado se presentan siempre en un contexto extremadamente complejo, que solo podemos empezar a desenmarañar con las herramientas de análisis apropiadas.

Los discernimientos obtenidos de la aplicación de las herramientas y técnicas individuales de análisis también pueden introducir errores. Algunos sistemas, como el modelo *5-Fuerzas,* solo pueden tener una aplicabilidad limitada; por ejemplo, en el sector de servicios públicos donde la rivalidad está esencialmente ausente. Otras críticas que se han hecho al modelo *5-Fuerzas* son dignas de crédito[24]: el sistema analítico es en gran parte prescriptivo y estático, mientras que los entornos competitivos reales están cambiando continuamente y pueden tener nuevas características. Por otra parte, el modelo ignora algunos factores organizacionales, como el acervo cultural de la firma, sus capacidades y sus recursos estratégicamente pertinentes.

Por lo tanto, como regla general, todos los discernimientos generados por sistemas individuales deber ser cues-

---

24. Lynch, R. (2006). *Corporate Strategy.* 6ª edición, Harlow, Pearson Education Ltd., pág. 98.

tionados por sus suposiciones subyacentes, verificados y validados en lo posible. Esto es muy importante en el caso de los entornos rápidamente cambiantes, donde los discernimientos desarrollados tendrán una duración muy limitada. No obstante, en el análisis final, la utilidad del sistema está limitada por nuestra destreza y habilidad para reunir los elementos individuales del análisis, a fin de construir una representación realista del "gran cuadro": una representación que permita tomar mejores decisiones estratégicas.

Resumen. Entonces, ¿cómo se podría aplicar apropiadamente el sistema de *oportunidad-respuesta* al pensamiento estratégico? ¿Qué discernimientos puede generar? En un primer nivel, esto nos incita a escudriñar y comprender el entorno competitivo externo de la organización, en cuanto a las oportunidades y amenazas pertinentes. Podríamos hacerlo si aplicamos hábilmente los sistemas analíticos apropiados como el análisis PESTEL y el análisis del *factor clave del éxito*. Estos discernimientos reunidos quizás no nos proporcionen un "gran cuadro" completo, pero serán tan buenos (suponiendo que llevemos a cabo el análisis a fondo y con habilidad) como los que nuestros competidores puedan reunir. En un segundo nivel, el sistema de *oportunidad-respuesta* nos impulsa a llevar a cabo un análisis profundo de la base interna de competitividad de nuestra organización y su realidad actual, con la ayuda de cualquiera de los sistemas disponibles para ello. Un buen análisis interno requiere habilidad y práctica. Pero el verdadero reto reside en la evaluación del capital intelectual estratégicamente pertinente de la organización, sus capacidades, su cultura y el conocimiento adquirido.

Después de haber establecido el contexto interno y el entorno competitivo externo de la organización, podemos empezar a usar el sistema para propósitos estratégicos.

Al hacer esto debemos formularnos las siguientes preguntas:

Estrategia en práctica: preguntas planteadas por el sistema de oportunidad-respuesta
- -

- ¿Cuáles son las tendencias subyacentes que están determinando las preferencias de nuestros clientes?
- ¿Hoy son diferentes de lo que fueron ayer?; ¿mañana serán diferentes de lo que son hoy?
- ¿Actualmente, estamos respondiendo bien a las necesidades de nuestros clientes?
- ¿Cómo están sirviendo al mercado nuestros competidores?
- ¿Cómo perciben nuestros clientes la eficacia de nuestros competidores para responder a sus necesidades?
- ¿Qué atributos de valor único aportan al mercado nuestros competidores?
- ¿Cuál será el próximo gran avance en el mercado y quién estará en la cresta de esa ola? ¿Seremos nosotros, o serán nuestros competidores? ¿Por qué?
- ¿Qué necesitaremos para diferenciarnos del conjunto de competidores?
- ¿Qué es necesario cambiar en nuestra base de competitividad para conseguir esta diferenciación respecto de nuestros competidores?
- ¿Cómo podremos abordar mejor y efectuar la necesaria aceleración de nuestra trayectoria de aprendizaje?

Análisis del *espacio único de competencia* (EUC)

Como el sistema antes descrito (*oportunidad-respuesta*), el análisis del *espacio único de competencia* utiliza los conceptos establecidos de la estrategia. El sistema se basa en una ingeniosa readaptación de las nociones estratégicas conocidas. Este enfoque proporciona un sistema global basado en un conjunto de diagramas de Venn que describen a los clientes, los competidores y la organización particular en el centro del análisis. Su poder reside en la orientación que puede

© GRANICA

proporcionar a nuestro pensamiento estratégico. De este modo, nos induce a formular los conjuntos de preguntas apropiadas que nos conducen a través del complejo laberinto que constituye la posición competitiva relativa de nuestra compañía con respecto a sus competidoras, los clientes y el valor único que ofrece a estos.

El valor del sistema analítico proviene de la manera como relaciona y compara los conceptos establecidos de un modo perspicaz. El enfoque en el cual se basa el análisis del *espacio único de competencia* ha sido propuesto en un ensayo reciente por Collis y Rukstad (2008)[25]. Los autores usan el sistema para identificar lo que ellos llaman el "punto óptimo estratégico" de una compañía. Sin embargo, considero que la noción de "punto óptimo" es inexacta, puesto que el análisis nos hace identificar un espacio competitivo, que –como veremos más adelante– está claramente acotado por las *condiciones estratégicas límite* de la compañía.

Análisis del espacio único de competencia – Análisis de primer nivel

Mostrado en la Figura 4.7 mediante el área trazada por las curvas punteadas, el *espacio único de competencia* de la organización surge en la intersección de los círculos que representan las necesidades de los clientes y las capacidades de la compañía, pero excluye la parte del círculo que hace intersección con las ofertas de los competidores. Los tres círculos están situados en el contexto del entorno competitivo externo. Estrictamente hablando, los competidores y clientes son parte del más amplio contexto competitivo externo, pero en este sistema han sido deliberadamente separados para centrar la atención en la oferta de valor

---

25. Collis, D.J., y Rukstad, M.G. (2008). "Can You Say What Your Strategy Is?", *Harvard Business Review*, abril, págs. 82-90.

único de la compañía. El *espacio único de competencia* representa el territorio competitivo en el cual la oferta de valor
único de la firma satisface las necesidades de los clientes de
un modo que los competidores no pueden igualar.

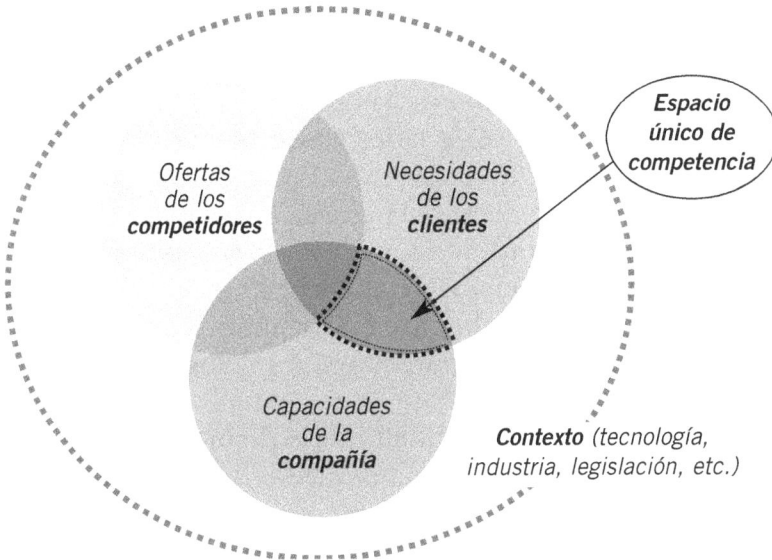

Figura 4.7. Sistema del *espacio único de competencia*

El sistema del *espacio único de competencia* sugiere una
serie inicial de preguntas importantes:

1. ¿Cuál es el contexto competitivo más amplio dentro
   del cual se presenta a la organización la oportunidad
   única de crear y entregar un valor en este ámbito?
   ¿Cuáles son las fuerzas clave en el origen de la nueva
   oportunidad de valor?
2. ¿Cuál es la naturaleza de la oportunidad del mercado? ¿Quiénes son los clientes y cuáles son sus necesidades?
3. ¿Quiénes son los potenciales competidores?

4. ¿Qué es lo que podemos hacer mejor que ellos, como organización, para crear y distribuir ofertas de valor único a nuestros clientes? ¿Y por qué esto es así?

A fin de responder a estas preguntas, el sistema del espacio único de competencia de alto nivel nos sugiere considerar una serie de métodos analíticos subordinados. Por ejemplo, podríamos empezar con un examen del entorno competitivo externo de la organización. Para generar las partes de un gran cuadro del entorno competitivo, podemos usar un análisis PESTEL, uno del *factor clave del éxito*, quizás un análisis de la *cadena de valor de la industria* combinado con uno de la *madurez de la industria*, y posiblemente otros modelos de análisis. El sistema nos sugiere centrarnos especialmente en un análisis de los competidores y sus ofertas potenciales, y en los clientes y sus necesidades.

Por último, en esta primera serie de preguntas surge la cuestión de *¿qué es lo que nos diferencia de los competidores en nuestra capacidad para crear y entregar una oferta de valor único a nuestros clientes, de un modo que la competencia no pueda hacer?*

Para abordar esta pregunta, podemos desarrollar cualquier combinación de análisis, a fin de evaluar la base interna de competitividad de la organización, discutida en la sección precedente.

Condiciones estratégicas límite

Hay una importante consideración que surge en el contexto del análisis del espacio único de competencia y que concierne a las condiciones estratégicas límite de la organización. Estas condiciones definen para la organización:

- *Qué* la distingue en cuanto a lo que crea y entrega como una oferta de valor único; y *por qué* se ve obligada a seguir este rumbo.

- *Dónde* entrega esta oferta de valor, a *quiénes,* y *cómo* intenta hacerlo.

Tan importante como las *condiciones estratégicas límite* de la organización es *dónde* y *cómo* no competirá. De esta manera, la propuesta de valor de la firma capta la esencia de las *condiciones estratégicas límite.*

Recuadro 4.2. Espacio único de competencia de Novo Nordisk

Hoy Novo Nordisk es único entre los fabricantes de productos farmacéuticos. Sus competidores más importantes han tenido que reestructurarse a través de fusiones y adquisiciones, o diversificar su cartera de productos con la incorporación de vacunas y artículos de sanidad animal, debido al vencimiento de las patentes. Pero Novo Nordisk ha seguido su curso y ha visto crecer sus ventas en una proporción de dos dígitos, con márgenes operativos considerables de aproximadamente 30%. Novo Nordisk está en el negocio de producir medicamentos que tratan la diabetes, y ya es el más grande fabricante mundial de insulina.

El espacio potencial de competencia es lucrativo. Pocas enfermedades ofrecen una mayor promesa de beneficios en los próximos años. La diabetes, una enfermedad crónica que requiere tratamiento de por vida, afecta actualmente a unos 180 millones de personas. La Organización Mundial de la Salud estima que esa cifra se duplicará para el año 2030. Una serie de factores están contribuyendo a esto: una población que envejece y una mayor incidencia de la obesidad en el extremo más rico de la lista. Novo Nordisk ha invertido un considerable esfuerzo en encontrar nuevos tratamientos para la diabetes del tipo 2, una afección que se desarrolla en la edad adulta, cuando las personas con sobrepeso llegan a ser insensibles a la insulina producida por el cuerpo en forma natural. Además, esta es la forma predominante de la enfermedad. La insulina, al ser un producto natural, no está patentada. Sin embargo, las drogas que pueden estimular su producción natural en el organismo sí pueden ser patentadas. Es en esta área,

---

y en la de las fórmulas de insulina más eficaces, donde Novo Nordisk ve su espacio único de competencia. Su droga *Victoza* del tipo 2, que actualmente está bajo examen para su aprobación en los Estados Unidos, también afrontará la competencia de otros fabricantes de productos farmacéuticos en la última etapa de la prueba. No obstante, la mayoría de los pacientes del tipo 2 terminarán recibiendo la insulina, y Novo Nordisk seguirá siendo el principal productor de esa sustancia en el mundo. Esto posiciona a la compañía en una situación única: puede satisfacer las necesidades de una creciente población de pacientes diabéticos de un modo que sus competidores no pueden igualar.

Fuente: The Financial Times, "The Lex Column", viernes 30 de octubre de 2009.

El sistema del *espacio único de competencia* ofrece una descripción gráfica de las *condiciones estratégicas límite* de la compañía, las cuales pueden ser apreciadas a través de las tres curvas numeradas '1', '2' y '3' en la Figura 4.8.

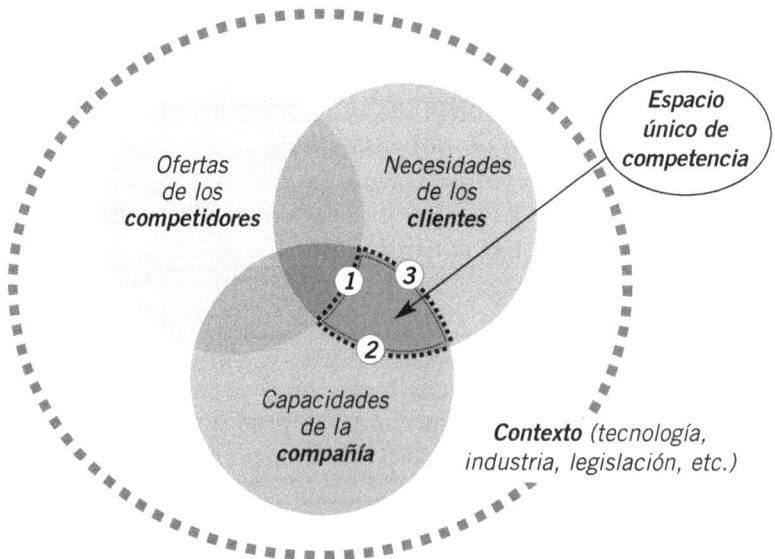

Figura 4.8. Perspectiva de oportunidades y condiciones estratégicas límite

El frente competitivo. La curva '1' representa las condiciones límite que determinan el "frente competitivo" para los competidores de la organización. Esta curva define qué es lo que diferencia a la organización de sus competidores; estos factores de diferenciación deben ser protegidos. Una invasión en el espacio de oportunidad de la organización de parte de sus competidores puede resultar una amenaza directa al espacio único de competencia. Los modos de protección podrían incluir, por ejemplo, la protección de la propiedad intelectual de la organización.

La movilización de los recursos internos. La curva '2' representa la interfase de movilización interna de la organización. Cada organización tiene un portafolio de recursos, en suma, su provisión de recursos competitivos: estos podrían incluir sus activos intelectuales, sus capacidades y procesos. De este portafolio, utiliza selectivamente los recursos para competir en un ámbito determinado sugerido por su perspectiva de oportunidades. Los recursos de la organización deben ser creados, desarrollados, alimentados y, finalmente, movilizados para introducirlos en el campo competitivo a través de la interfase descripta como curva '2', donde son desplegados para la creación y entrega de valor de la organización. Los retos asociados con la movilización de los recursos internos incluyen aquellos encontrados por las organizaciones frente a la competencia que "actúa en forma conjunta".

La interfase del cliente. La curva '3' representa la zona adyacente de la organización con el cliente. La interacción de la firma con sus clientes es crítica a través de esta interfase. Aquí es donde se identifican las necesidades de los clientes y se cultivan y manejan las relaciones con ellos. Sobre la base de estos elementos, la organización define su oferta de valor único, que luego es distribuida dentro de su territorio competitivo único.

Una vez abordadas debidamente las preguntas preliminares sugeridas por el sistema del *espacio único de competencia*, tenemos una mejor comprensión acerca de:

- el entorno competitivo más amplio de la organización;
- sus competidores y una idea clara de lo que diferencia a la organización de esos competidores en su capacidad para crear y entregar una oferta de valor único;
- específicamente, sus clientes y sus necesidades; y
- las condiciones estratégicas límite que definen el ámbito competitivo único de la organización.

Recuadro 4.3. El "marco rojo" de BDF Beiersdorf

En la práctica, los espacios únicos de competencia encuentran una expresión en una serie de formas posibles. BDF Beiersdorf es un comerciante global líder en el sector de productos de belleza y cuidado de la piel para el consumidor. La estrategia de BDF para incrementar su cuota de mercado en el segmento de la belleza y la piel a nivel mundial se basa en cuatro componentes clave: las marcas globales (posee la marca *Nivea*, una de las más conocidas en el sector de la belleza y el cuidado de la piel), una cadena de suministro de primer orden, talento superior en una empresa aligerada, y un claro objetivo geográfico.

El *espacio único de competencia* de BDF se expresa a través de su "marco rojo", un espacio competitivo posicionado dentro de un mayor espacio delineado por tres dimensiones estratégicas: *canales, categorías de productos* y *objetivo geográfico*, como se describe en la Figura 4.9.

El "marco rojo" de BDF constituye el perímetro del espacio competitivo en el que la compañía procura concretar su propuesta de valor. Esto indica dónde la compañía percibe su oportunidad de crear un valor único para sus clientes. Y lo hace asignando un valor estratégico a cada una de las tres dimensiones. Desde luego, el sistema descrito en la Figura 4.9 solo indica a grandes rasgos el espacio único de competencia, sin revelar ninguno de los detalles que conciernen a los valores estratégicos reales. No obstante, el "marco rojo" define cla

Figura 4.9. El "marco rojo" de BDF Beiersdorf.
Fuente: gráfico utilizado con la autorización de BDF Beiersdorf.

ramente dónde y cómo competirá la compañía, así como dónde y cómo no competirá. El espacio de competencia definido por el "marco rojo" se usa, por ejemplo, para identificar los potenciales objetivos de adquisición, que responden a los criterios estratégicos de BDF en su *espacio único de competencia.*

Espacio único de competencia: nivel de análisis extendido

Las preguntas preliminares sugeridas por el sistema del *espacio único de competencia* sondean de este modo los contextos competitivos interno y externo de la organización. Una vez establecida la comprensión de estos contextos, el sistema se puede usar para iniciar una segunda serie de preguntas que exploren los escenarios posibles ("qué pasaría si…"), por ejemplo:

- ¿Qué pasaría si el más amplio contexto competitivo externo cambiara irreversiblemente, digamos como resultado de una alteración importante en múltiples factores (por ej., un cambio económico, tecnológico o legislativo)?

- ¿Qué pasaría si nuestros competidores, ante el cambio en el contexto externo, desafiaran el frente competitivo que protege nuestro espacio único de competencia (la curva indicada con '1' en la Figura 4.8)?
- ¿Qué pasaría si las necesidades de los clientes cambiaran?
- ¿Qué pasaría si ante cualquiera de estos factores, o quizás una combinación de ellos, siguiéramos siendo estáticos?

La Figura 4.10 describe un escenario que refleja las consecuencias de estas preguntas. Empecemos con los cambios en el contexto competitivo más amplio. Esto está indicado por el vector denominado 'a'. Los cambios podrían ser impulsados por cualquiera de las fuerzas identificadas en la etapa anterior de este análisis. Quizás algunas de las fuerzas sugeridas por el análisis *PESTEL* han aumentado desproporcionalmente en importancia y han acelerado el cambio en los mercados de la compañía. A su vez, estos podrían afectar a los cambios en la cadena de valor de la industria; sus *factores clave del éxito* (quizás algunos de los factores *ganadores* pueden haber sido gradualmente relegados a meros factores *calificadores*), y tal vez otros atributos abordados por alguno de los análisis externos discutidos antes. El efecto neto es que el entorno competitivo ha experimentado un cambio; por consiguiente, los factores predominantes del contexto de competencia han cambiado, y esto plantea las preguntas: ¿dónde deja esto a la compañía? ¿Es consciente de los cambios? ¿Son claras para la compañía las consecuencias de los cambios del entorno competitivo?

También es posible que hayan cambiado las ofertas de los competidores (vector 'b' en la Figura 4.10). Al principio, estos pueden haber seguido el liderazgo de la empresa, pero están invadiendo, cada vez más, su *espacio único de competencia*. No solo eso, el vector 'b' también sugiere que los competidores están mejorando progresivamente en su capacidad para entregar un valor que responda a las necesidades de los clientes, de un modo que la compañía es cada vez menos capaz de igualar o superar.

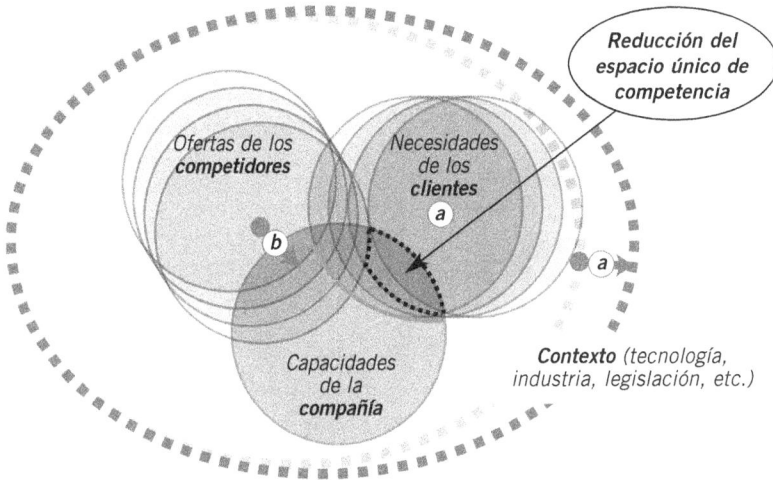

Figura 4.10. Reducción del escenario *espacio único de competencia*.

Además, podríamos comprobar que las necesidades de los clientes también están cambiando, y que la compañía es menos capaz de satisfacerlas. Esto lo indica el vector denominado 'c' en la Figura 4.10.

La Figura 4.10 describe una situación que muestra un cambio en múltiples frentes: en el contexto competitivo externo, en las ofertas de los competidores y en las necesidades de los clientes. El único cambio que no ha ocurrido es la transformación de la compañía en cuestión. No ha iniciado ninguna respuesta apropiada al cambio en su entorno externo. ¿Esta es una circunstancia poco común? No lo creo.

El resultado de alguna de estas circunstancias o, posiblemente, de una combinación de ellas conduce a la reducción del *espacio único de competencia,* como indica el área reducida en la Figura 4.10. Cuando las compañías no logran controlar sus condiciones estratégicas límite, se exponen a la amenaza de un *espacio de competencia reducido* (Figura 4.8). El fracaso de la compañía en el desarrollo y aplicación de una respuesta apropiada provoca la desaparición gradual del *espacio único de competencia.*

Estrategia en práctica: disminución de las posiciones competitivas

Generalmente, las compañías se encuentran en situaciones en las que su espacio único de competencia se reduce cuando:

- …no logran observar los cambios en su entorno competitivo externo; continúan compitiendo de un modo que antes puede haber ofrecido un potencial para la diferenciación competitiva, pero que ahora ya no les proporciona la base para una ventaja competitiva.
- …son incapaces de proteger su espacio único de competencia contra los competidores intrusos. Esto puede ocurrir cuando las compañías no logran reconocer a la nueva competencia, cuando son incapaces de proteger sus activos o, simplemente, cuando no consiguen sostener su ventaja competitiva porque descuidan sus recursos y capacidades estratégicamente pertinentes.
- …pierden contacto con sus clientes y son incapaces de comprender sus cambiantes necesidades.

Resumen y limitaciones. El poder del sistema de *espacio único de competencia* reside en su alcance y su enfoque sobre la esencia de la estrategia: la identificación de una oportunidad para competir sobre la base de una oferta de valor único. Esto proporciona una perspectiva de la base interna de competitividad de la compañía algo diferente que la que ofrece el sistema de *oportunidad-respuesta* antes examinado. Aunque lo más importante es que presenta la posición competitiva de la compañía en yuxtaposición con sus competidores y clientes.

Con ese fin, nos sugiere identificar el espacio competitivo servido únicamente por la compañía para satisfacer las necesidades de sus clientes. Como en el sistema antes considerado, el poder de este enfoque analítico radica en su carácter orientador e integrador; guía nuestro pensamiento con respecto a los componentes clave del análisis global y proporciona un marco integrador para reunir los resultados de los análisis individuales una vez llevados a cabo. Pueden aplicarse múltiples análisis individuales para desarrollar una mejor comprensión de algunos de los componentes de alto nivel indicados: la compañía y su más amplio entorno competitivo externo y, específicamente, sus competidores y clientes.

Hay varias advertencias que vale la pena tener en cuenta en relación con el uso de este sistema: la descripción del diagrama de Venn es engañosamente simple. En realidad, los límites que demarcan a los competidores podrían no ser obvios.

Quizás los nuevos participantes todavía no están en la pantalla del radar. Podría ser un movimiento hacia adentro y hacia afuera del círculo competidor, como cuando Yahoo! salió del círculo competidor de Microsoft para unir fuerzas con esa misma compañía en el área de búsquedas en Internet.

Las limitaciones concernientes a la pertinencia, la validez y la fiabilidad de los resultados del análisis discutidos en el sistema analítico precedente también se aplican aquí: los resultados del análisis solo son tan válidos y fiables como los discernimientos y datos usados.

Estrategia en práctica: ¿qué sistemas usar?

Siempre surgen dudas al principio de un análisis estratégico: *¿Cuántos sistemas necesito usar? ¿Cuáles debería utilizar? ¿Cómo empezar a aplicar mejor los sistemas?* Estas son preguntas válidas; el siguiente resumen proporciona algunas pautas generales para la práctica:

- La naturaleza de la pregunta estratégica guía la elección de los sistemas para el análisis; no obstante, una vez que se plantea la pregunta estratégica, es importante empezar con un adecuado sistema de análisis estratégico de alto nivel (como el sistema de *oportunidad-respuesta* o el del *espacio único de competencia* y, quizá, incluso el de la *propuesta de valor*) a fin de guiar el análisis subsiguiente.
- Los sistemas de análisis estratégico de alto nivel guían todo el análisis; si se seleccionan adecuadamente indican y guían la aplicación de sistemas subordinados apropiados.
- Sin considerar cuál de los tres sistemas de alto nivel (u otro apropiado) que usted seleccione, un buen análisis estratégico siempre requiere la consideración de (1) *el entorno competitivo externo* de la organización y (2) su *base interna de competitividad,* y (3) una verificación de las *condiciones estratégicas límite* de la organización.
- *Análisis externo.* El sistema PESTEL constituye un enfoque apropiado para iniciar un análisis externo. Si se hace en la forma adecuada, capta las fuerzas macroeconómicas pertinentes y proporciona un indicio de sus dinámicas. Los análisis subsiguientes podrían incluir un análisis del *factor clave del éxito* que indica las reglas del mercado predominantes; una evaluación de la madurez del sector pertinente de la industria con la ayuda de un análisis de la *curva S.* Esto se puede continuar con una aplicación del análisis *5-fuerzas de Porter,* que proporciona algún discernimiento sobre la naturaleza de la competencia en ese sector de la industria y, finalmente, quizás un análisis de la *cadena de valor* de la industria para tener una evidencia de la actual creación de valor en la cadena y algún indicio de su migración.

- *Análisis interno.* Algunos sistemas, como una *planificación de los recursos y capacidades,* complementados con el análisis VRIO (*valor, raro, imitable, organización*) representan puntos de partida apropiados para este análisis. Esto podría ser seguido de un examen de la *cadena de valor interna* de la organización; y cómo se compara con la *cadena de valor de su industria.* Por último, se podría aplicar un análisis *McKinsey 7-S* para tener algún discernimiento sobre los procesos internos de la organización, su estructura, sus prácticas, mecanismos y cultura.
- *Condiciones estratégicas límite.* Un análisis de la propuesta de valor de la organización puede producir sustanciales discernimientos acerca del estado de sus condiciones estratégicas límite. En esto se pueden aplicar los resultados de los análisis externo e interno precedentes. El análisis de la propuesta de valor se completa con uno de la visión de la organización, sus principios rectores, sus aspiraciones y sus valores colectivos.
- Para el propósito del análisis precedente, hemos usado solamente algunos sistemas seleccionados. Sin embargo, incluso sobre la base de estos pocos sistemas podemos obtener una idea cabal de la adopción de decisiones estratégicas, si el análisis responde apropiadamente a la pregunta estratégica de alto nivel pertinente.

Resumiendo el capítulo...

- El análisis estratégico puede hacer significativas contribuciones al proceso de pensamiento estratégico y la creación de discernimientos.
- Los sistemas de análisis estratégico pueden ser útiles en la creación de discernimientos, si se seleccionan y aplican en la forma apropiada; algunos son más útiles que otros; y algunos todavía en circulación son esencialmente obsoletos.
- Hoy no hay limitaciones para la sofisticación de los sistemas y modelos de análisis estratégico en circulación; sin embar-

go, todos están limitados por su validez y la fiabilidad de los datos usados.

- Algunos sistemas relativamente simples, aplicados con propiedad, pueden generar poderosos discernimientos; dos sistemas semejantes (de alto nivel) han sido presentados en este capítulo.

- A menudo, el mayor valor generado por los sistemas de análisis estratégico reside no tanto en sus resultados específicos como en el enfoque que aportan al debate y el diálogo en la mesa de la sala de juntas.

CAPÍTULO 5

FORMACIÓN DE LA ESTRATEGIA Y EVALUACIÓN DE LAS OPCIONES ESTRATÉGICAS

Si usted no sabe adónde está yendo,
ningún camino lo llevará allí.
Lewis Carroll
(de *Alicia en el país de las maravillas*)

En este capítulo, nosotros...

- examinamos cómo el análisis estratégico conduce a un "gran cuadro" reconstruido y luego a la formación de las opciones estratégicas;
- exploramos algunos mecanismos sencillos para la formación de la estrategia y la formulación de las opciones estratégicas que se relacionan con las configuraciones de las organizaciones determinadas por la madurez y dinámica de su entorno competitivo;
- describimos tres enfoques para evaluar y examinar las opciones sobre la base de métodos sistemáticos.

En los primeros capítulos de este libro examinamos la comprensión situacional y su papel en el proceso de pensamiento estratégico. Vimos que la comprensión de la situación empieza con (1) la formulación de las preguntas estratégicas pertinentes y de los problemas asociados con ellas, (2) la deconstrucción de la realidad compleja de la organización, seguida por (3) la reconstrucción de la realidad a través de la configuración del gran cuadro con el apropiado discernimiento e intuición. Al continuar la acción con el proceso de pensamiento estratégico, ¿dónde nos deja esto? Ahora tenemos un "cuadro más grande". Este cuadro, aunque es inevitablemente incompleto, refleja el panorama competitivo actual y pertinente, si se han formulado las preguntas estratégicas apropiadas. En esta fase, podemos empezar a abordar los aspectos críticos de la posición competitiva de nuestra compañía, en virtud del hecho de que las preguntas estratégicas de alto nivel, formuladas desde el principio, han sido pertinentes y las suposiciones subyacentes fueron suficientemente investigadas y cuestionadas.

Ahora estamos en condiciones de empezar con la formulación de las opciones estratégicas (véase la Figura 5.1). De las opciones obtenidas, buscamos una que ofrezca una respuesta apropiada a las preguntas estratégicas formuladas al principio. Las etapas analíticas precedentes proporcionan el fundamento sobre el cual basamos nuestra elección estratégica de una opción. A menudo, los gerentes se sienten inclinados a pasar por alto el proceso de pensamiento estratégico y abordan prematuramente las "soluciones". Al hacer esto, ponen en peligro la calidad de las decisiones tomadas. Las decisiones que se toman sobre esta base carecen de rigor: no hay una intuición informada ni un análisis profundo, como tampoco ninguna "razón para creer".

Capítulo

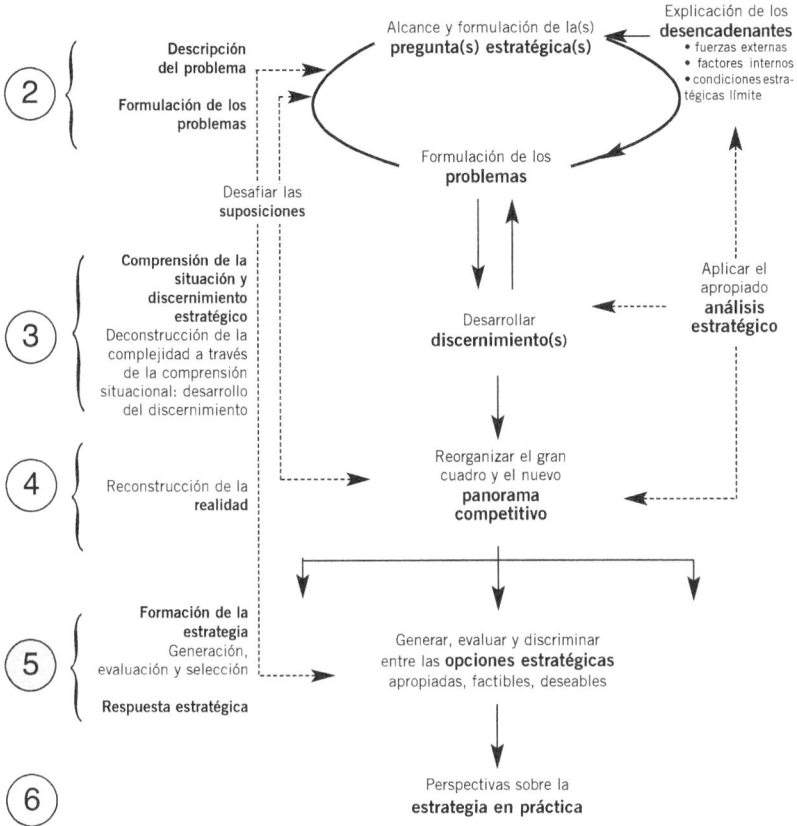

Figura 5.1. La formación de la estrategia y el espacio
de opción estratégica

Estrategia en práctica: formulación de la estrategia en las organizaciones

Incluso en las circunstancias más favorables, la formulación de las opciones estratégicas no es una tarea trivial de la dirección. Depende, al menos, de tres factores complicados (Wilson, 2003):[1]

- *Condiciones de conocimiento incompleto.* Las organizaciones son complejas. El conocimiento dentro de las firmas está evolucionando y cambiando continuamente, y se distribuye asimétricamente; por lo tanto, la formación de la estrategia tiene lugar bajo condiciones de conocimiento incompleto.

- *Poder e intereses en conflicto.* Las organizaciones constituyen sistemas políticos que incluyen a actores con intereses encontrados, relaciones de poder opuestas y derechos legítimos para tomar decisiones. Todo esto puede ser conflictivo y contradictorio.

- *Ambigüedad.* Como resultado de los factores antes mencionados, las organizaciones tienen diferentes grados de ambigüedad, algunos de los cuales pueden ser circunstanciales, y otros intencionales.

Evidentemente, los tres factores no son independientes entre sí. Esto se suma a la complejidad de la formulación de las opciones estratégicas. Con este telón de fondo, ahora examinamos la próxima etapa del proceso de pensamiento estratégico: la formación y evaluación de las opciones estratégicas.

En las dos secciones siguientes de este capítulo exploraremos dos aspectos de la formulación de estrategias. En la primera sección, examinaremos cómo se forman las opciones estratégicas. En la segunda, consideraremos las técnicas para discriminar entre las opciones en la selección de una apropiada.

---

1. Wilson, D. (2003). "Strategy as Decision Making", en Cummings, S., y Wilson, D. (editores): *Images of Strategy*; Oxford, Blackwell Publishing.

Formación de las opciones estratégicas

En los textos de gestión encontramos poco consenso sobre cómo ocurre la formación de estrategias en la práctica. No hay una "fórmula universal" a la que podamos recurrir en esta etapa; por lo general, las organizaciones no se aferran a un modo particular de elaborar estrategias. Se pueden encontrar muchos ejemplos donde el director ejecutivo se considera como el "arquitecto" de la estrategia en esa organización. Como es de suponer, las dificultades surgen cuando la estrategia queda en manos de esta persona y no es compartida con la organización. Mintzberg (2009) abre un debate, que quizás debió haberse iniciado mucho antes, con respecto a la naturaleza de la formación de la estrategia en la práctica y la validez de su representación en los textos de dirección estratégica. Mintzberg aduce que el proceso de formación de la estrategia podría ser mucho más pertinente y matizado que lo sugerido en los textos actuales. Las razones de esto residen en los cambios fundamentales en el modo como las organizaciones conducen sus empresas. Hay una serie de cambios que están desafiando los conceptos predominantes del papel y funcionamiento de las organizaciones. Tres cambios importantes señalan la importancia del capital humano, la capacitación de los trabajadores en el conocimiento y las nuevas formas de la organización como una entidad competitiva. Estos cambios se muestran en la Figura 5.2.

No necesitamos ir muy lejos para encontrar una evidencia de la creciente importancia e impacto de la nueva entidad competitiva emergente, sugerida en la Figura 5.2, en la práctica empresarial.

Nueva base de riqueza y creación de valor. Cada vez más, la riqueza y el valor encuentran una expresión en la forma de los activos intangibles. Solo se necesita echar un vistazo al desarrollo del valor contable de las firmas para tener una

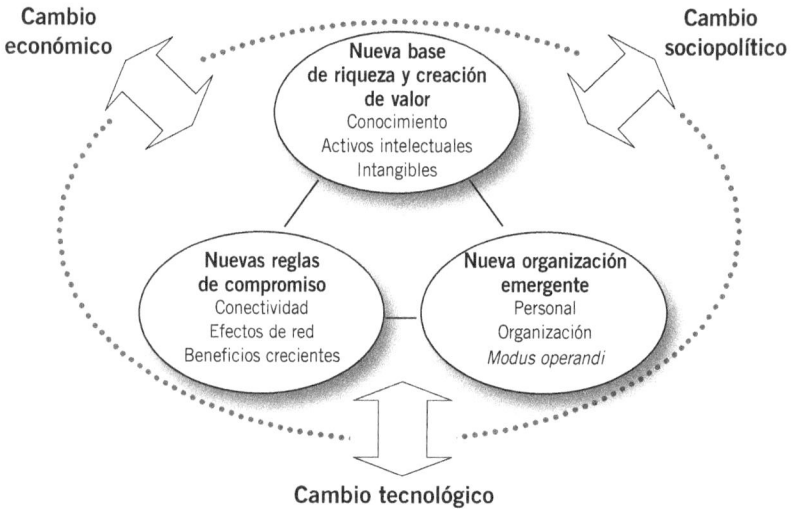

Figura 5.2. Entidad organizacional competitiva emergente (Tovstiga, 2008)[2]

idea de su capitalización bursátil. El índice *Q de Tobin*, que compara el valor de mercado de una compañía con su valor contable, capta la esencia de la creciente importancia de los intangibles. Un examen de las firmas investigadas por el *índice promedio industrial Dow Jones* durante los últimos 50 años proporciona una prueba de esta tendencia. Para una compañía como Google, con una capitalización bursátil de aproximadamente 155.000 millones de dólares y un índice *Q de Tobin* de casi 4,9, los intangibles constituyen cerca del 80% del valor de la compañía. Ahora, una parte considerable de esto se podría atribuir a la marca de la firma (en el caso de Google esto representa alrededor de 32.000 millones de dólares, o cerca del 21% de su valor de mercado[3]). Sin embargo, una parte desproporcionadamente grande de los activos intangibles de las compañías está rela-

---

2. Tovstiga, G. (2008). *Innovation Elective Lecture Script.* Reino Unido, Henley Business School, University of Reading.
3. Todos los datos numéricos han sido obtenidos de http://finance.yahoo.com/ (acceso el 2 de octubre de 2009).

cionada con su capital basado en el conocimiento, es decir, su capital humano, su capital relacional y estructural. Naturalmente, esta parte del valor de una compañía es difícil de comprender, y aun más difícil de "manejar" en el sentido tradicional de la palabra. Desde luego, para apuntalar la nueva base de creación de riqueza se necesita la transición de una economía industrial basada en los bienes físicos a una economía globalmente conectada basada en el conocimiento.

Nuevas formas organizacionales emergentes. Están surgiendo nuevas formas de organización junto con nuevas maneras de creación de valor y riqueza. En parte, esta es una respuesta a la necesidad competitiva de que las organizaciones lleguen a ser más rápidas y ágiles y, en parte, a las nuevas formas impuestas por el cambio tecnológico y las condiciones económicas y sociopolíticas emergentes. Por ejemplo, las nuevas generaciones de trabajadores del conocimiento, conocidos como *nómadas digitales*, están reformando sus ambientes laborales. Los lugares de trabajo se están convirtiendo en mercados del conocimiento. Por lo general, los mercados comparten tres atributos comunes: implican un *intercambio de bienes*, un *precio de transacción* y *agentes de la transacción*. En la nueva forma de la organización, los bienes de intercambio se relacionan predominantemente con el conocimiento, el precio de la transacción incluye el conjunto de condiciones de empleo negociadas y los agentes comprenden tanto al trabajador del conocimiento como a los representantes de la organización.

Nuevas reglas de compromiso. Por último, estamos encontrando nuevas reglas de compromiso que surgen dentro y entre las organizaciones. Cada vez más, la creación de valor y riqueza está siendo impulsada por la conectividad y los efectos de red. Si bien estas conexiones pueden haber sido inicialmente permitidas a través de los avances tecnológicos, especialmente Internet, ahora están siendo impulsadas por factores económicos y sociales. En un contexto empresarial, un *efecto de red* (a veces también conocido como *externalidad de red*) representa el efecto que un usuario particular de un bien o servicio produce sobre el valor y el impacto que ese bien o servicio tiene para otros usuarios. Una *masa crítica* que desencadena una *situación irreversible* (un punto de no retorno que identifica claramente a un jugador principal) se logra cuando el beneficio o valor obtenido del bien o servicio es mayor o igual al precio pagado por él. Cada nueva era proclama nuevas reglas de compromiso; aquellas discutidas aquí son propias de lo que mencionamos como *economía de la información o del conocimiento*.

Los tres factores descritos en la discusión precedente (y posiblemente otros más) tienen un significativo impacto potencial en la manera como está cambiando la naturaleza de la competencia en casi toda la industria y los sectores del mercado. A su vez, la naturaleza cambiante de la competencia está modificando la posición competitiva de las firmas. Las empresas se están viendo obligadas a reconsiderar su capacidad para competir. Como vimos en el capítulo precedente, la capacidad de una firma para competir y su posición competitiva se reflejan en su *espacio único de competencia* para una oferta de valor dada. El *cambio* en cualquiera de los factores determinantes del espacio único de competencia –es decir, el cambio en el *contexto externo* de la firma, su *base interna de competitividad* y, por consiguiente, sus *condiciones estratégicas límite*– creará la necesidad de una respuesta estratégica de parte de la firma. Los tres elementos descritos en la Figura 5.2 tienen consecuencias para los factores determinantes del espacio único de competencia. Por lo tanto, un examen de cualquier cambio estratégicamente importante es el punto de partida lógico para la formación de la estrategia.

Los análisis que hemos abordado en los capítulos precedentes (el del contexto externo, el de la base de competitividad interna de la firma, y sus condiciones estratégicas límite) proporcionan el material del que se obtienen y desarrollan las opciones estratégicas exitosas. Las opciones estratégicas que surgen de estos análisis y cómo se obtienen dependen de las circunstancias competitivas específicas de la organización. El proceso de formación de la estrategia y las conexiones con los cambios en la posición competitiva de la firma se describen en la Figura 5.3.

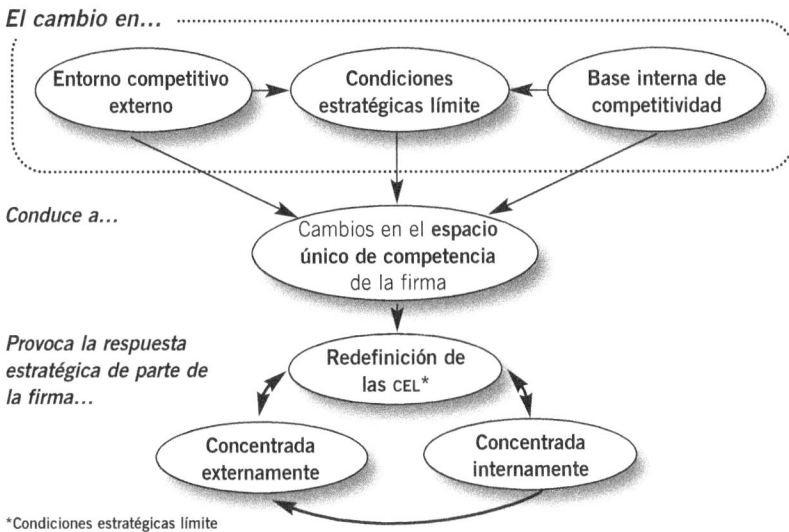

Figura 5.3. Proceso de formación de la estrategia

Si bien no es posible encontrar un enfoque universal de la estrategia en el contexto competitivo antes descrito, encontramos pautas comunes que predominan en la práctica de la estrategia.

Verweire y Van den Berghe (2004)[4] aducen que los diferentes enfoques de formación de la estrategia surgen como resultado de los objetivos estratégicos específicos que

---

4. Verweire, K., y Van den Berghe, L. (2004). *Integrated Performance Management*. Londres, Sage.

las compañías desean alcanzar. Las opciones estratégicas entran invariablemente en categorías que reflejan el contexto competitivo y el propósito estratégico de la firma. Estos objetivos podrían incluir el crecimiento, pero también comprenden, en muchos casos, la transformación y la reducción.

Mintzberg (2009)[5] propone un esquema de clasificación para la formación de la estrategia que comprende cuatro tipos básicos de organización:

1. La madura, institucionalizada.
2. La empresarial.
3. La emergente y flexible.
4. La profesional.

Asociados con estos tipos de organización, encontramos atributos o configuraciones organizacionales que determinan el principal mecanismo para el proceso estratégico en la organización respectiva. Mintzberg clasifica a las firmas en cuatro grupos o configuraciones diferentes sugeridas en la Figura 5.4:

1. Organizaciones institucionalizadas (o del "tipo máquina") que dependen principalmente de un *proceso de planificación estratégica.*
2. Compañías del tipo empresarial que dependen de un *proceso de visión estratégica.*
3. Firmas en contextos emergentes muy dinámicos (u organizaciones del tipo "*ad hoc*") en las que la formación de la estrategia se basa en el *proceso de aprendizaje estratégico.*
4. Empresas del tipo profesional que despliegan *procesos de especulación estratégica* para formar sus estrategias.

---

5. Mintzberg, H. (2009). *Tracking Strategies – Toward a General Theory.* Oxford, Oxford University Press.

La estrategia como...

		Plan deliberado	Modelo emergente
Contexto competitivo	Estable	**1** Organización institucionalizada — **Planificación estratégica**	**4** Organización empresarial — **Especulación estratégica**
	Dinámico	**2** Organización profesional — **Visión estratégica**	**3** Organización emergente — **Aprendizaje estratégico**

Figura 5.4. Formación de la estrategia; configuración y principales mecanismos (Mintzberg, 2009)

Ahora examinaremos los atributos y mecanismos de la formación de estrategias de cada configuración.

1. *En la organización institucionalizada la formación de la estrategia* gira en torno a la *planificación estratégica*. Estas organizaciones son generalmente grandes, maduras y muy concentradas en preservar el *statu quo*, la estabilidad y todo lo que sea predecible. Las organizaciones de este tipo muestran altos niveles de inercia organizacional y, por consiguiente, son renuentes al cambio interno. Incluso, si son grandes, pueden ejercer un efecto estabilizador en su entorno competitivo. La estabilidad interna se logra a través de un enfoque en los procesos estandarizados y la eficiencia en las operaciones. Con un enfoque estratégico centrado en la preservación, la generación de estrategias está muy formalizada y consiste esencialmente en un ejercicio de planificación estratégica que procura consolidar e institucionalizar la visión estratégica de la organización, una actividad de naturaleza más controladora que estratégica. Los acontecimientos que provocan un cambio sustancial en la estrategia se entremezclan con largos períodos de estabilidad. Aun en el caso de un cambio, lo que se modifica es la forma de la organización, más que la organización en sí misma.

Cuando se afronta una crisis, la organización institucionalizada puede suspender su estilo de "máquina" y adoptar temporalmente la forma empresarial, lo cual le permite a un líder influyente imponer los cambios requeridos. Esto fue lo que sucedió en ABB, la multinacional de ingeniería suizo-sueca, bajo el liderazgo de Juergen Dormann. Dormann fue incorporado como CEO de la firma entre septiembre de 2002 y diciembre de 2004 para que ABB volviera a sus cauces habituales, después de haber estado al borde del colapso a fines de 2001. No obstante, tras la adopción de la nueva dirección estratégica, la organización "transformada" retornó a su forma institucionalizada.

2. *En la organización empresarial la formación de la estrategia está principalmente inspirada por la visión estratégica.* El proceso está dominado por su liderazgo. Este suele ser ejercido por una persona, a menudo el fundador, aunque también podría ser un pequeño equipo que trabaje en torno a él. El contexto competitivo de la empresa suele ser muy dinámico. Generalmente, la firma es un pequeño emprendimiento o un nuevo participante en un mercado establecido, con una irresistible oferta de valor. Sin embargo, como se describió en la configuración anterior, incluso una gran organización institucionalizada puede pasar por períodos de reducción o transformación, en los cuales su configuración se parece más a la de tipo empresarial. Por lo tanto, en esta configuración, el proceso estratégico suele ser muy centralizado y de naturaleza deliberadamente emergente. Por un lado refleja la naturaleza dinámica del entorno competitivo y por el otro la necesidad de una estrategia clara. A menudo esto se basa en la visión original de ofrecer un valor único en el mercado, casi siempre productos o servicios vinculados, pero posiblemente a través de una modalidad de distribución innovadora. El liderazgo de la organización empresarial desempeña un papel central y directo en la definición y aprobación de esta estrategia.

3. *En los contextos emergentes, dinámicos* (del tipo "*ad hoc*" o "adhocracia", de acuerdo con la terminología de Mintzberg), *la formación de la estrategia está estrechamente relacionada con el aprendizaje estratégico.* Por lo general, estas firmas están organizadas en torno a un equipo de expertos que se encuentra dedicado a un trabajo de tipo proyecto. A menudo, en la vanguardia de los entornos muy dinámicos de las nuevas tecnologías, la formación de la estrategia en estas organizaciones está a cargo de los equipos de expertos. Su enfoque de la estrategia podría ser más apropiadamente descrito como "improvisar sobre la marcha". La formación de la estrategia tiene un poderoso componente emergente; los proyectos individuales –cada uno representa una plataforma de aprendizaje– establecen precedentes que impulsan a la organización hacia nuevas estrategias a través del aprendizaje. El proceso estratégico muestra un fuerte componente basado en el aprendizaje colectivo. La organización de este tipo interactúa en forma estrecha con su entorno competitivo: asume alternativamente la dirección y, a la vez, recibe la dirección de su entorno competitivo en cuanto a las necesidades cambiantes. A los períodos de convergencia estratégica pueden seguirles períodos más largos de divergencia, durante los cuales no hay una estrategia evidente debido al alto grado de incertidumbre en el entorno competitivo externo. De hecho, el entorno competitivo suele tener más influencia en la formación de la estrategia que cualquier liderazgo dentro de la organización.

4. *En la organización profesional la formación de la estrategia está determinada en gran medida por su personal altamente calificado.* En el proceso estratégico influye el estilo autónomo con el cual esas personas suelen interactuar; se basa en la *especulación estratégica.* Las organizaciones profesionales consisten en personas libremente asociadas a través de una organización común. Sin embargo, en estas empresas

el personal está decidido a perseguir sus propios intereses profesionales, de tal modo que el proceso estratégico suele servir más a las necesidades de las personas que a las de la organización. Individualmente, los profesionales también tienen un papel importante, aunque indirecto, en el proceso de la estrategia; están sujetos a prácticas y normas que son establecidas por sus respectivos órganos directivos profesionales (por ej., las juntas médicas o los colegios de abogados). Los resultados del proceso estratégico sirven para asegurar la continuidad dentro de los límites de cambio relativamente estrechos en las ofertas de valor de estas organizaciones. En general, estas firmas prestan servicios profesionales estandarizados en escenarios estables. En esta configuración, el impacto global del liderazgo sobre la formación de la estrategia es débil en relación con las otras tres configuraciones. Mintzberg compara a los profesionales individuales de esta configuración "con gatos que van detrás de su propia presa, sin agruparse". Esta pauta se extiende a la forma de aprendizaje que vemos en la organización profesional; también encontramos una dependencia del aprendizaje. Pero la adquisición de conocimientos en el contexto de esta configuración organizacional se centra principalmente en el aprendizaje de los individuos, a pesar de que la lealtad de estas personas es mayor con su grupo de colegas profesionales que con su organización.

Si bien en la sección precedente hemos presentado cuatro configuraciones diferentes, la investigación de Mintzberg (2009) proporciona una evidencia de una situación mucho más compleja en la formación de la estrategia. Encuentra casos que incluyen una superposición e incluso una infiltración de una configuración en otra en ciertos momentos del desarrollo de una organización. Esto parece suceder cuando las organizaciones evolucionan y se desarrollan durante el curso de su ciclo de vida.

Recuadro 5.1. Los campeones ocultos de Europa

En Europa, las firmas de propiedad familiar han sido tradicionalmente puertos seguros en épocas de crisis. Después de todo, muchas tienen legados que sobrevivieron a las dos guerras mundiales y a numerosas oleadas de nacionalizaciones. Las empresas familiares o firmas *Mittelstand* predominan sobre todo en Alemania; muchas de estas empresas han sido descritas como *campeones ocultos*[6] por el economista alemán Hermann Simon. Muestran características de ambas configuraciones, institucional y empresarial. Por un lado, suelen ser conservadoras y precavidas; esto se manifiesta en su cautela con las deudas, el dinero fácil y la especulación. Por otro lado, las firmas de propiedad familiar valoran intensamente la honestidad y el trabajo esmerado, y cultivan relaciones estrechas con los clientes. Inculcan una gran lealtad en sus trabajadores. Y en su mayor parte tienen éxito: de acuerdo con un índice obtenido por el banco suizo Credit Suisse, las firmas familiares han superado el índice bursátil de MSCI World en 4,8% desde el lanzamiento de este indicador, en 2007.

Entonces, ¿qué es lo que hace diferente a esta configuración híbrida? Las firmas de propiedad familiar en Europa parecen tener éxito al combinar lo mejor de los atributos de la configuración institucional y empresarial. Su bajo apalancamiento, el enfoque a largo plazo y la lealtad de sus empleados no han pasado desapercibidos en las secuelas de la actual crisis económica. Y lo más importante es que muchas firmas en este sector no están sometidas a la tiranía de los informes trimestrales. Un ejemplo que viene al caso es el del productor alemán de equipos médicos B. Braun Melsungen, una firma familiar que el año pasado generó aproximadamente 4.000 millones de euros en ventas. Sus fondos propios constituyen casi el 40% de su balance; pero, a pesar de sus ganancias de 185 millones de euros anuales registradas recientemente, menos del 10% de esa cifra fue pagada a sus accionistas. Incluso algunos han

---

6. Simon, H. (1996). *Hidden Champions*. Boston, Harvard Business School Press.

sugerido que el enfoque de los negocios de este sector podría indicar el camino a un tipo de capitalismo más estable.

No obstante, algunas debilidades han llegado a ser evidentes, incluso en este sector. La primera es que una de sus fortalezas –la unión de la propiedad y la dirección de la firma– puede convertirse rápidamente en una desventaja cuando el control de la empresa pasa a la generación siguiente. Las empresas de propiedad familiar también suelen perder la cautela cuando crecen. Al parecer, los atributos menos deseables de la configuración institucional suelen afectar al rendimiento de estas firmas, en particular cuando pasan a la siguiente generación. Volker Beissenhirtz, de Schultze & Braun, un despacho alemán de abogados, describió el reto de la sucesión que afrontan estas firmas de la siguiente manera: "A veces, ellos (la generación siguiente de la dirección) son arrogantes, otras veces son ingenuos y a veces son realmente eficaces, pero nunca son como el empresario original"[7].

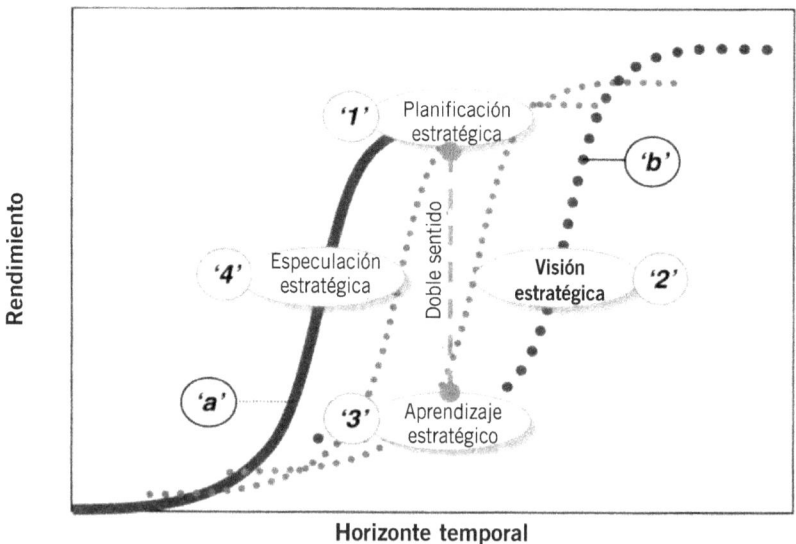

Figura 5.5. Principales mecanismos de formación de la estrategia

---

7. *The Economist,* "Dynasty and durability", 26 de septiembre de 2009.

Esto sugiere una visión dinámica de la formación de la estrategia que posiciona a las configuraciones en diferentes etapas a lo largo de la curva del ciclo de vida organizacional. En la Figura 5.5 encontramos dos curvas principales: una sólida que representa a la empresa actual ('a') y una punteada ('b') que representa la "curva siguiente", la empresa emergente. Cada curva muestra una configuración única que consiste en una propuesta de valor, un modelo empresarial y los atributos organizacionales como la cultura, el paradigma y la configuración de recursos y capacidades de la organización. Si bien la curva sólida ('a') representa a la empresa actual, centrada principalmente en el aprovechamiento de las oportunidades competitivas que se le presentan a la firma, la curva punteada ('b') representa una postura competitiva exploratoria de parte de la organización.

Las cuatro configuraciones propuestas por Mintzberg están distribuidas entre las dos curvas, como se muestra en la Figura 5.5. El enfoque de planificación estratégica de la configuración institucionalizada posiciona a esta organización en la parte superior de la curva 'a', en el punto '1', que representa la etapa de crecimiento de una organización madura.

Posicionada en el punto '2' (Figura 5.5) sobre la curva 'b' encontramos la configuración empresarial con su enfoque estratégico visionario, mientras que el enfoque estratégico de aprendizaje de la configuración "*ad hoc*" (la "adhocracia" de Mintzberg), en el punto '3', es coherente con la primera etapa de crecimiento. Finalmente, el enfoque estratégico de especulación de la firma profesional en el punto '4' está posicionado sobre la curva 'a', coherente con el entorno estable descrito antes para esta configuración.

Podría decirse que el mayor contraste existe entre las configuraciones '1' y '3', que se extienden sobre las dos curvas. ¿Por qué esto es así? Las dos configuraciones representan dos tipos de organización diametralmente opuestos. Mientras que la configuración institucionalizada refleja una posición consolidada, un intento de preservación y explotación de la empresa actual, la organización emergente y su configuración "ad hoc" representan la exploración y alteración de lo conocido. En la terminología de Kelly (1998)[8], la primera pretende "perfeccionar lo conocido", mientras que la segunda se centra en "aprovechar imperfectamente lo desconocido". Las dos configuraciones representan criterios, culturas, procesos y liderazgos organizacionales potencialmente contradictorios. Sin duda, las dos configuraciones tienen grandes consecuencias para el tipo y la naturaleza de la innovación buscada en las organizaciones. Mientras que la configuración institucional depende de la innovación incremental, la forma emergente se centra en la innovación radical, revolucionaria.

Hasta la fecha, pocas compañías han tenido éxito en conciliar las dos configuraciones y equilibrar los objetivos *explorador* y *explotador*. O'Reilly y Tushman (2004)[9] mencionan firmas que han logrado tender un puente entre las dos posturas opuestas como *organizaciones ambidiestras*; estas son firmas que prefieren obtener una ventaja competitiva de la empresa actual, mientras procuran iniciar la innovación radical para asegurarse la futura competitividad.

O'Reilly y Tushman aducen que una *organización ambidiestra* no necesita eludir su pasado a fin de renovarse para el futuro. Sin embargo, las diferencias no son puramente teóricas, ni mucho menos. En efecto, las compañías de todos los sectores de la industria están afrontando los retos de reunir las dos configuraciones en una misma entidad. En el pasado reciente, a menudo esto ha resultado en un fracaso. Por ejemplo, cuando ABB procuraba hacer la transición de una compañía exclusivamente física a una empre-

---

8. Kelly, K. (1998). *New Rules for the New Economy*. Nueva York, Viking.
9. O'Reilly, C.A., y Tushman, M.L. (2004). "The Ambidextrous Organization", *Harvard Business Review*, abril, págs. 74-81.

sa competitiva virtual y física estableció el New Ventures Group en 2002, que forjó vínculos más estrechos entre los emprendimientos de la "nueva economía" (la curva de la empresa tipo 'b') y sus actividades empresariales tradicionales (la curva 'a'). La iniciativa que pretendía servir como una incubadora de innovaciones para las nuevas ideas revolucionarias fracasó poco después de su lanzamiento. El grupo recién creado demostró ser incompatible con el entorno empresarial establecido. Es de suponer que la dirección de ABB decidió que las diferencias en la cultura, los objetivos y los medios para alcanzarlos eran insuperables.

Hoy la industria de los medios de comunicación globales está afrontando retos similares. La mayoría de los periódicos en todo el mundo están comprometidos en una lucha por su supervivencia. Muchos de los reconocidos se vieron obligados a clausurar definitivamente sus operaciones; la lista de los cierres recientes incluye al *Baltimore Examiner*, el *Cincinnati Post* y el *Halifax Daily News*. Las expectativas de un contenido gratuito en línea, el cambio del modelo tradicional de publicidad comercial y las modificaciones en la manera como las personas acceden a las noticias han obligado a los periódicos tradicionales de todo el mundo a experimentar con los modelos empresariales *ambidiestros*, que incluyen a los medios impresos tradicionales junto a las ediciones en línea. Ningún periódico parece haber resuelto el problema con éxito. Muchos están buscando configuraciones organizacionales que cubran la brecha entre los modelos institucionalizados tradicionales y las empresas emergentes. Si bien los primeros ofrecen comentarios editoriales, análisis profundos y contenido impreso (y reciben cada vez menos ingresos de la publicidad), las segundas requieren un modelo empresarial completamente nuevo que asegure un nuevo flujo de ingresos de la publicidad en línea. Huelga decir que las necesidades, las competencias y los recursos de las dos configuraciones no podrían ser más diferentes.

Como hemos visto, la formación de la estrategia requiere una interacción compleja de análisis, intuición, discernimiento derivado de la experiencia, reflexión, aprendizaje y visión. Además, como hemos señalado en esta sección, la configuración de la organización, que refleja su estado de crecimiento y la naturaleza competitiva de su entorno, proporciona el contexto específico dentro del cual ocurre la formación de la estrategia. Lo que hemos hecho en esta sección es definir ampliamente el espacio dentro del cual tiene lugar la formación de la estrategia. Este campo de estudio todavía está en evolución. De hecho, como sugiere Mintzberg (2009), muchas preguntas acerca de cómo ocurre la formación de la estrategia en la práctica siguen siendo planteadas. ¿Cuál es el papel de la planificación estratégica en la formación de estrategias?; ¿es el objetivo principal del pensamiento estratégico o es simplemente un oxímoron? ¿Qué pasa en las situaciones en las que el director ejecutivo se considera el "principal estratega"?; ¿esto hace menos válido el proceso de formación de la estrategia? Hay muchas preguntas que requieren ser abordadas. En esta sección solo trataremos superficialmente el tema. Por lo tanto, sin pretensión alguna de abordarlo en forma exhaustiva, lo veremos en la sección final de este capítulo, donde examinaremos cómo se evalúan y seleccionan apropiadamente las opciones estratégicas, una vez formuladas.

Estrategia en práctica: formulación de la estrategia, ¿por qué preocuparse?

El propósito del análisis estratégico es ayudar a la organización a formular las opciones estratégicas para mejorar su posición competitiva a través de la creación y distribución de un valor superior a sus interesados directos. Por consiguiente, se formula un gran número de estrategias. Sin embargo, muy pocas de las estrategias formuladas en las organizaciones se ponen realmente en práctica. Las estimaciones en la red informal de comunicación sugieren cifras tan bajas como 20%; esto quiere decir que solo un quinto de las estrategias formuladas son realmente puestas en práctica. Quizás haya una buena razón para esta baja estimación de las estrategias aplicadas: algunas de las estrategias formuladas en las organizaciones no son eficaces; son poco realistas y, por lo tanto, no merecen ser aplicadas. Además, las condiciones competitivas cambiantes hacen que otras estrategias, quizás mejores, sean prematuramente obsoletas. Por otra parte, las organizaciones se consideran incapaces de poner en práctica estrategias eficaces debido a los factores internos que dificultan su aplicación.

Desde luego, muy pocos ejecutivos tienen el coraje de presentarse ante sus accionistas y la comunidad financiera y admitir que solo un quinto de las estrategias formuladas por sus compañías han sido puestas en práctica.

Esto ha sido así hasta el año pasado, quizá. Pero el clima económico actual ha cambiado muchas cosas, incluyendo las actitudes de los altos ejecutivos con respecto a sus estrategias. Cada vez más directivos están mostrando una disposición a admitir la ineficacia de su estrategia en el clima económico actual. Jamie Dimon, CEO de J.P. Morgan Chase & Co.[10] (una compañía de gran éxito, de acuerdo con las medidas actuales), admitió que había abandonado la estrategia de la organización en 2009 debido a la incertidumbre económica imperante.

¿Dónde deja esto a la formulación de estrategias? Quizás esto sugiera que incluso las organizaciones de configuración institucional están volviendo a la formación de estrategias del tipo "adhocracia": estrategias más adecuadas a los entornos competitivos dinámicos y emergentes, que hacen un uso intenso del aprendizaje organizacional. Tal vez lo que estamos observando es solo un fenómeno de transición. Aunque quizás no. Hay indicios que sugieren que estamos en medio de un cambio irreversible en el enfoque de la formación de estrategias; y que la formación de la estrategia dependerá cada vez más del enfoque tipo "*ad hoc*", incluso en las empresas establecidas.

---

10. Geoff, Colvin: *How to Manage Your Business in a Recession* (cita extraída de *Fortune European Edition*, 26 de enero de 2009, pág. 68).

161

Evaluación de las opciones estratégicas

¿Cómo actuar cuando hemos tenido éxito en la obtención de dos o tres opciones estratégicas? Las opciones estratégicas siempre representan trueques y compromisos: esto no es más que un reflejo de la realidad, que es compleja y cambiante. Por lo tanto, nuestra evaluación de las opciones estratégicas debe tomar esto en consideración: no existe nada semejante a una estrategia correcta o incorrecta en términos absolutos.

Entonces, en la práctica, ¿cómo se puede abordar mejor la evaluación de las opciones estratégicas? Hay varias maneras posibles. Nosotros exploraremos tres enfoques, si bien todos están dirigidos al mismo objetivo: proporcionar un método de evaluación sistemático y estructurado que nos ayude a identificar la opción más adecuada entre un conjunto de opciones posibles. También es importante destacar que los tres enfoques no son mutuamente excluyentes; todos comparten elementos comunes.

1. *Enfoque de la consultora de gestión.* Las consultoras de gestión suelen recurrir a los algoritmos del tipo *árbol de decisión* o a los filtros de criterios múltiples que someten las opciones estratégicas a una combinación de criterios cuantitativos y cualitativos, que podrían incluir la evaluación de los beneficios financieros esperados, el logro de objetivos estratégicos y el nivel de riesgo. El objetivo de estos enfoques es comparar sistemáticamente las opciones sobre la base de criterios objetivos y subjetivos. De esta manera, las técnicas empleadas procuran descartar las opciones inapropiadas y seleccionar finalmente la opción que responda mejor a los criterios definidos. Al parecer, no hay un límite para la sofisticación de los algoritmos de evaluación desarrollados y empleados por algunas consultoras de gestión. No obstante, a la larga, incluso la técnica más sofisticada está limitada por la validez y fiabilidad de los datos disponibles. A menudo, la información crítica requerida para una evaluación rigurosa de las opciones estratégicas simplemente no está disponible. En estos casos, la sofisticación de la técnica no ofrece ninguna ventaja sobre una mezcla bien equilibrada de buen análisis e intuición. En el peor de los casos, crea un falso sentido de seguridad basado "en las cifras", que quizás solo consisten en poco más que "cifras domésticas" en cuanto a su pertinencia y validez.

2. *Textos de dirección estratégica.* Los autores de textos sobre esta temática (Johnson, Scholes y Whittington, 2008[11]; Thompson y Martin, 2005[12]; Haberberg y Rieple, 2008[13]; Mintzberg, Quinn y Ghoshal, 1995[14], para nombrar solo a algunos) suelen proponer sistemas que procuran responder a conjuntos de preguntas similares que conciernen a las opciones estratégicas bajo examen.

Estrategia en práctica: discriminar entre las opciones estratégicas

Por lo general, las preguntas que cuestionan la conveniencia de una opción estratégica entran en las tres siguientes categorías:

- *¿La opción estratégica es apropiada?* ¿La opción es coherente con la cultura, valores, recursos, competencias y habilidades disponibles y necesarias para la organización; es simple y comprensible?
- *¿Es deseable?* ¿La opción satisface los objetivos de la organización en cuanto al nivel de sinergia y beneficios esperados,

---

11. Johnson, G.K., Scholes, K., y Whittington, R. (2008). *Exploring Corporate Strategy.* 8ª edición, Harlow, FT Prentice Hall.
12. Thompson, J. con Martin, F. (2005). *Strategic Management.* 5ª edición, Oxford, Oxford University Press.
13. Haberberg, A., y Rieple, A. (2008). *Strategic Management.* Oxford, Oxford University Press.
14. Mintzberg, H.; Quinn, J.B., y Ghoshal, S. (1995). *The Strategy Process.* Edición europea, Londres, Prentice Hall.

el nivel de riesgo que implica, y las necesidades y expectativas de las partes interesadas?

- *¿Es factible?* ¿La opción se puede realmente implementar, considerando el cambio que requerirá, su capacidad para cumplir con los *factores clave del éxito*, la ventaja competitiva que promete y las necesidades de lograrla, y su capacidad para identificar el momento adecuado en relación con la oportunidad que intenta abordar?

Las preguntas abordan tres amplias categorías de criterios, aunque en la práctica podríamos encontrar una superposición entre ellas. Cada categoría representa un grupo que comprende una serie de subfactores relacionados con los criterios principales. A menudo, estos factores implican análisis detallados, como el del *factor clave del éxito,* que proporciona un discernimiento sobre la factibilidad de una opción estratégica particular.

3. *Sistema exhaustivo de evaluación de la opción.* Un tercer enfoque (Figura 5.6) se basa en un método más amplio que integra elementos del proceso de pensamiento estratégico introducido en los primeros capítulos de este libro y elementos de la técnica de selección descrita en la sección precedente.

Este enfoque empieza con un análisis de los problemas estratégicos, como se describe en el Capítulo 2. Los problemas son planteados por las pocas preguntas estratégicas de alto nivel desencadenadas por la necesidad de alguna acción estratégica. Estas preguntas derivan del análisis de las condiciones estratégicas límite, el entorno competitivo externo y un análisis de la base interna de competitividad de la firma. El análisis de los problemas culmina en una priorización de los problemas estratégicos. Los problemas de alta prioridad sientan las bases para el desarrollo de las opciones.

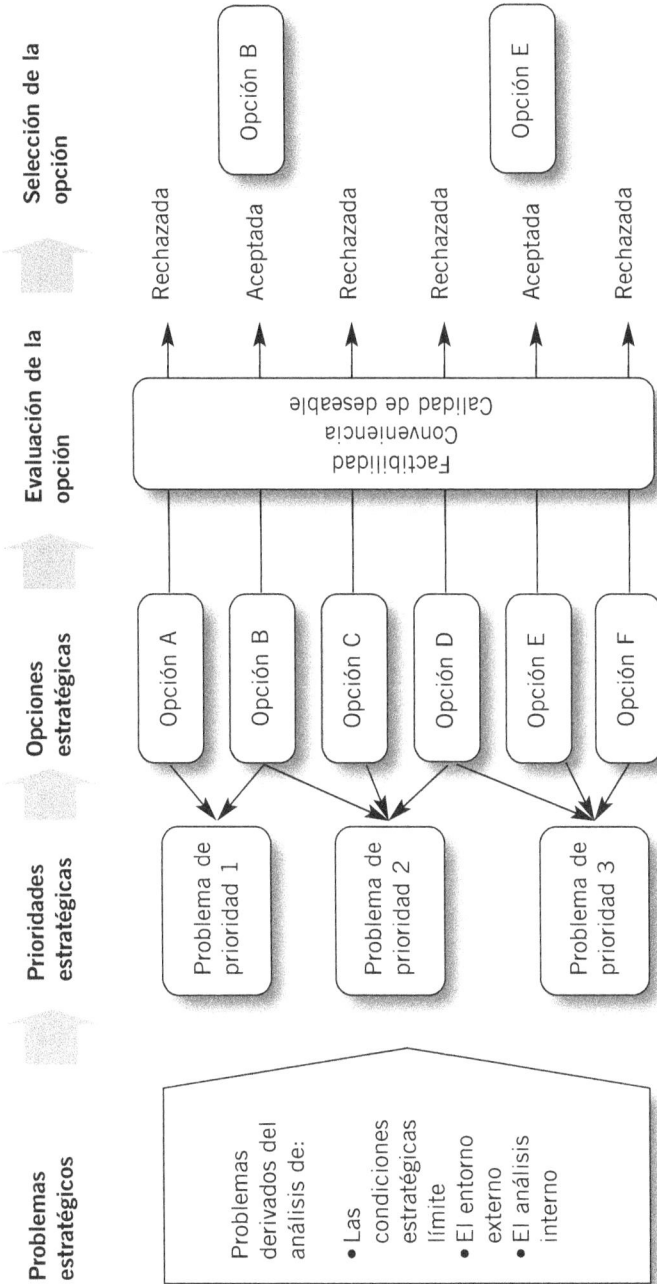

Figura 5.6. Sistema de evaluación de la opción estratégica (basado en Haberberg y Rieple, 2008)

165

De acuerdo con el ejemplo ilustrado en la Figura 5.6, el análisis ha dado como resultado la determinación de tres problemas de prioridad. Estos están inevitablemente relacionados entre sí, y dan lugar a seis opciones estratégicas. Luego, estas seis opciones son sometidas a un examen para determinar cuál es la más apropiada, definida ampliamente por la *factibilidad,* la *conveniencia* y la *calidad de deseable,* con la ayuda de un sistema del tipo descrito antes en esta sección.

Una vez examinadas, podríamos descubrir que solamente dos de las seis opciones originales satisfacen los criterios de *factibilidad, conveniencia* y *calidad de deseable,* que han sido definidos dentro del contexto estratégico específico de la compañía. Más tarde, estas dos opciones podrían ser sometidas a un ciclo de evaluación adicional. Por otra parte, la opción final elegida podría ser una opción estratégica híbrida compuesta de elementos de las dos opciones que quedan después de una primera fase de evaluación.

Estrategia en práctica: ¿qué enfoque para la evaluación y selección de la estrategia es el "mejor"?

Solo hemos presentado tres enfoques para la evaluación de la opción estratégica, e incluso estos comparten elementos comunes. ¿Cuál de los tres es el recomendado? Mi preferencia personal es por el último de los tres enfoques discutidos, el sistema presentado en la Figura 5.6. En mi opinión, este sistema es más exhaustivo y muy adaptable para su aplicación en una amplia gama de circunstancias. Además, se centra en el proceso de pensamiento estratégico, que constituye el tema central de este libro desde el principio. Por último, integra conceptos necesariamente conocidos como las nociones de *factibilidad, conveniencia* y *calidad de deseable,* presentadas en los textos de gestión estratégica.

Finalmente, algunas advertencias

El objetivo del proceso de evaluación es someter una serie de opciones estratégicas derivadas del análisis estratégico a un examen amplio y sistemático de criterios formados por componentes objetivos y subjetivos. El único propósito de los sistemas de evaluación es proporcionar una estructura al proceso de pensamiento, no reemplazarlo. El resultado del ejercicio de evaluación solo será tan bueno como la calidad del esfuerzo que se haya hecho en él. Esto empieza con la elección de los criterios de evaluación apropiados. El equilibrio entre los datos de evaluación cualitativos y cuantitativos y su validez son factores importantes; a menudo, la información cuantitativa fiable no es accesible y preferimos los "hechos duros" para apoyar la argumentación. La estrategia trata esencialmente sobre el futuro: cualquier proyección o extrapolación de datos que reflejan la situación de la organización en el futuro tiene un carácter subjetivo, aun cuando esté fundamentada en números. Finalmente, cuando la evaluación ha sido completada y se ha identificado una opción preferida, necesitamos dar un paso atrás, hacer una comprobación final de la realidad, y preguntarnos:

- ¿El conjunto de opciones consideradas en esta evaluación ha sido sometido a un número suficiente de criterios "apropiados" para el examen; "se han cubierto "todos los ángulos" en la evaluación?
- ¿Qué suposiciones se han incorporado en la evaluación?; ¿responden a una comprobación de la realidad?; ¿qué suposiciones son más críticas para el análisis?
- ¿Hasta qué punto es riguroso el resultado?; ¿cuáles son las incertidumbres y los riesgos?
- ¿Cuáles son los "criterios potencialmente infalibles"? ¿Han sido claramente señalados?; ¿han sido apropiadamente estimados en el análisis?

Resumiendo el capítulo...

- Las estrategias toman forma en las organizaciones sobre la base del "gran cuadro" que surge del análisis estratégico.
- La formación de la estrategia ocurre dentro de un contexto organizacional complejo, caracterizado por la información incompleta, el poder y los intereses políticos y la ambigüedad; no hay enfoques "rigurosos y rápidos" para la elaboración de estrategias en las organizaciones.
- Cada contexto es único y requiere un enfoque único. Sin embargo, debemos reconocer que, si bien podríamos ser incapaces de describir la formación de la estrategia con detalle, podemos definir parámetros amplios del espacio de formación de estrategias. Estos se relacionan con la madurez de la empresa y la dinámica de su contexto competitivo.
- Las opciones estratégicas, una vez identificadas, deben ser examinadas y evaluadas por su factibilidad, conveniencia y calidad de deseables; los criterios apropiados incluyen factores objetivos y subjetivos.
- Existen numerosos enfoques para hacer esto; en este capítulo se describen tres específicos. El propósito de la evaluación es identificar, entre una serie de opciones, la que mejor responda a los criterios impuestos por la pregunta estratégica original, que sugiere la búsqueda de una nueva dirección estratégica.
- Finalmente, hemos visto que las opciones estratégicas deben ser evaluadas críticamente sobre la base de sus suposiciones subyacentes, su validez y su conveniencia. Huelga decir que una opción estratégica conveniente, una vez identificada, tiene una vigencia que está determinada, en gran parte, por la dinámica del entorno competitivo de la organización.

CAPÍTULO 6

ESTRATEGIA ORIENTADA AL DISCERNIMIENTO EN PERSPECTIVA

Hay personas que hacen que las cosas ocurran,
hay personas que observan cómo ocurren,
y hay personas que preguntan qué ocurrió.
Anónimo

En este capítulo, nosotros...

- examinamos el pensamiento estratégico y la estrategia impulsada por el discernimiento desde dos perspectivas prácticas:
  - una perspectiva con el telón de fondo de la complejidad, la incertidumbre y los múltiples futuros posibles;
  - una perspectiva de aprendizaje organizacional;
- exploramos las consecuencias de estas perspectivas en el contexto de cómo se formula y se aplica la estrategia;
- examinamos la estrategia como un pretexto para la acción y la creación de significado en las organizaciones;
- repasamos la noción de configuración organizacional descrita en el capítulo precedente y examinamos las consecuencias de la predisposición de una organización respecto de cómo aplicar su estrategia;

- concluimos con una reflexión sobre el propósito y las consecuencias del pensamiento estratégico para la estrategia en práctica.

Hasta aquí, hemos examinado cómo evoluciona el pensamiento estratégico desde la formulación de una pregunta estratégica y la subsiguiente deconstrucción de la realidad a través de un análisis apropiado de los problemas. Vimos cómo se obtienen los discernimientos sobre la base del análisis y la intuición en respuesta a los problemas, y cómo contribuyen colectivamente a una reconstrucción del "gran cuadro" que, aunque incompleto, refleja el contexto competitivo de la firma. Desde el principio, hemos sostenido que el pensamiento estratégico sirve para ayudarnos a identificar una estrategia viable en respuesta a la pregunta estratégica que ha generado todo el ejercicio (como se describe en la Figura 6.1). La premisa fundamental en todo este libro es que una firma necesita una estrategia; que la formación de la estrategia es un esfuerzo necesario de la organización para avanzar. ¿Pero esto es indudablemente así?

Algunos pensadores estrategas han desafiado esta noción. La declaración de De Bono (1984)[1] acerca de que "la estrategia es la buena suerte racionalizada en una percepción retrospectiva", o la afirmación de Burgelman (1983)[2] respecto de que "la estrategia es una teoría sobre las razones del pasado y el éxito actual de la firma" son ejemplos de estos otros tipos de pensamiento. Estas declaraciones sugieren que lo que nosotros llamamos "estrategia" a menudo es solamente un resumen retrospectivo de la acción en el pasado. La tendencia que mostramos en la percepción retros-

---

1. De Bono, E. (1984). *Tactics: The Art and Science of Success.* Boston, Little Brown.
2. Burgelman, R.A. (1983). "A Model of the Interaction of Strategic Behaviour, Corporate Context, and the Concept of Strategy", *Academy of Management Review*, 8, págs. 61-70.

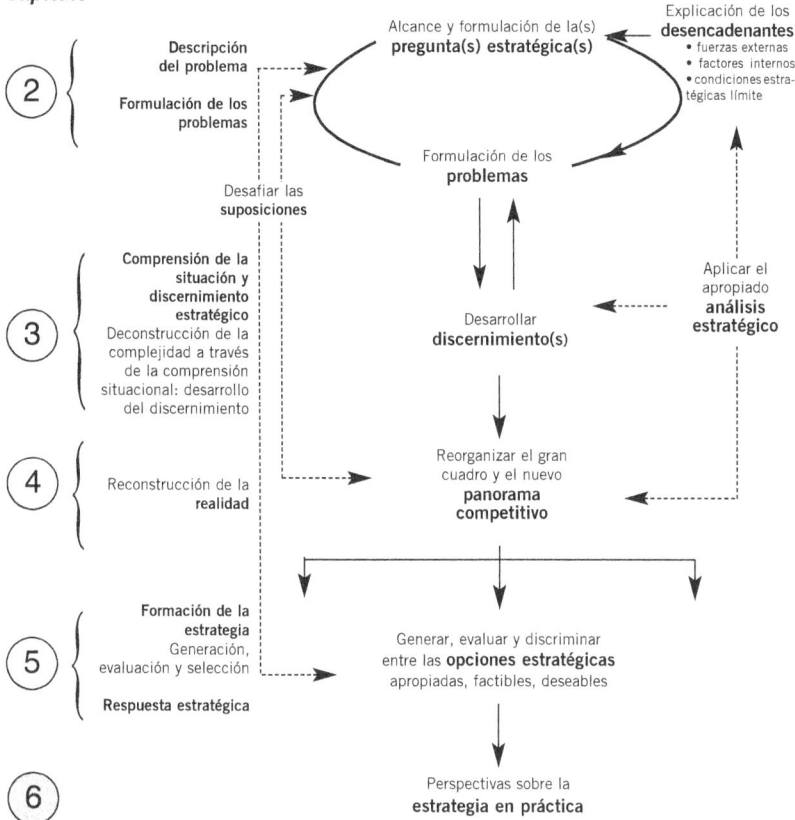

Figura 6.1. Perspectivas sobre la estrategia en práctica

pectiva, la coherencia aparente y la racionalidad de la estrategia en cuestión podrían generar conclusiones erróneas con respecto a lo que podemos hacer ahora y lo que necesitamos hacer en el futuro (Weick, 2001)[3]. De hecho, Mintzberg y otros (2005)[4] aducen que la ausencia de una estrategia a veces es incluso deseable, especialmente cuando hay una

---

3. Weick, K. (2001). *Making Sense of the Organization*. Oxford, Blackwell Publishing.
4. Mintzberg, H.; Ahlstrand, B., y Lampel, J. (2005). *Strategy Bites Back*. Harlow, FT Prentice Hall.

transición entre una estrategia anticuada y una nueva más viable, o cuando los entornos son tan dinámicos que tiene sentido suspender temporalmente toda pretensión de una estrategia hasta que el entorno se estabilice. A fines de 2008 Jamie Dimon, CEO de J.P. Morgan Chase & Co., exclamó: "Estoy impresionado por la cantidad de personas que todavía se preocupan por su plan estratégico para el año entrante. Nosotros cancelamos todo eso"[5]. Esta es una declaración con ese efecto.

¿Dónde deja esto al proceso de pensamiento estratégico? ¿Los puntos de vista precedentes argumentan contra la necesidad de un pensamiento estratégico en la práctica?

De ningún modo. Los contextos competitivos complejos y turbulentos no excluyen la necesidad del pensamiento estratégico. De hecho, el pensamiento estratégico en estas circunstancias puede conducir a la suspensión temporal de una estrategia, como sugiere Dimon, de J.P. Morgan Chase. Quizás las circunstancias hoy experimentadas por los gerentes empresariales requieran una mejor comprensión del contexto más amplio dentro del cual se aplica la estrategia, en las organizaciones reales. No solo el contexto está llegando a ser cada vez más complejo, sino que esto también se observa en el nuevo campo de la práctica de gestión dentro del cual tienen lugar la estrategia y el pensamiento estratégico. Pero es el contexto organizacional el que finalmente determina la conveniencia de un esfuerzo estratégico.

En el capítulo anterior hemos examinado la formación de la estrategia en una serie de contextos determinados por la dinámica del entorno competitivo externo de la empresa y su etapa de madurez. En este capítulo final, ampliamos esta visión para explorar la estrategia y el pensamiento estratégico como tales en un entorno cambiante que es cada vez

---

5. Esta cita fue extraída de *Fortune –European Edition–*: G. Colvin, "How to Manage Your Business in a Recession", 26 de enero de 2009, pág. 68.

más impredecible y complejo. Cerramos el capítulo con un análisis de las prácticas organizacionales emergentes que respaldan la estrategia y el pensamiento estratégico en el entorno competitivo actual.

La estrategia en práctica –el modo como se aplica la estrategia en la realidad del contexto de una organización– se puede considerar desde múltiples perspectivas. Aquí nos limitaremos a examinar solo dos de ellas. Empezaremos con una perspectiva externa. Debido a la actual recesión de la economía global, esta perspectiva es más bien oportuna. Hoy muchas compañías están tratando de analizar las consecuencias de la crisis para, sobre esa base, elaborar su estrategia. La perspectiva externa que examinaremos ha sido sugerida por múltiples futuros posibles.

Para la segunda perspectiva, ahondamos en la organización y exploramos la práctica de la estrategia desde una perspectiva organizacional interna. Específicamente, consideramos la *organización de aprendizaje*. ¿Por qué hemos elegido estas dos perspectivas? Porque representan dos puntos de vista diferentes: uno generado externamente, el otro relacionado con factores determinantes internos. Podría decirse que estas dos perspectivas reflejan de manera apropiada muchos de los factores clave que hoy están provocando cambios en el campo de la estrategia.

La perspectiva de múltiples futuros posibles

Mientras nuestra economía global emergente se expande como secuela del cambio tecnológico y socioeconómico actual, sin precedentes, introduce sus propias reglas y oportunidades. Todo el tiempo está relegando a un segundo plano los enfoques tradicionales y existentes de la teoría de gestión, que ven el mundo como algo predecible, mensurable y controlable.

El panorama competitivo emergente es complejo, está compuesto de un contexto que incluye nuevos patrones de conducta en las organizaciones, nuevos mercados, economías e infraestructuras políticas (Boulton y Allen, 2007)[6]. Una de las consecuencias de esta realidad para las organizaciones es que hay múltiples futuros posibles con diferentes grados de incertidumbre. Courtney (2008)[7] ha sugerido cuatro posibles futuros y sus consecuencias para la estrategia en las respectivas circunstancias:

- *Nivel 1: Visión única del futuro.* Surge de un entorno relativamente estable y muy predecible con poca incertidumbre.
- *Nivel 2: Conjunto limitado de futuros posibles.* Uno de los cuales puede esperarse que ocurra con alta probabilidad.
- *Nivel 3: Gama de posibles resultados futuros.* Con una creciente incertidumbre en cuanto al resultado que es más probable que ocurra.
- *Nivel 4: Ilimitada gama de posibles resultados futuros.* Con cualquier resultado posible.

Courtney aduce que, si bien las cuatro situaciones siempre han existido, solamente ahora se comprende que hay muchas más situaciones de los *niveles 3 y 4* de las que antes se admitía.

¿Qué implica esta situación para la estrategia y el pensamiento estratégico? Las situaciones de los *niveles 1* a *3* pueden ser limitadas en cuanto a los resultados posibles; con una incertidumbre obviamente creciente en cada nivel. No obstante, en los tres casos es posible efectuar algún análi-

---

6. Boulton, J., y Allen, P. (2007). Complexity Perspective, en Jenkins, M.; Ambrosini, V., y Collier, N. (editores): *Advanced Strategic Management*; 2ª edición, Basingstoke, Palgrave Macmillan.
7. Courtney, H. (2008). "A fresh look at strategy under uncertainty: An interview", *The McKinsey Quarterly*, diciembre de 2008.

sis. Pueden identificarse los desencadenantes y las fuerzas clave; y es posible efectuar algún análisis del entorno externo y el contexto interno, aunque con cada nivel creciente, las dinámicas del entorno externo hacen esta tarea cada vez más difícil. Quizás no sea posible hacer un pronóstico preciso, pero se pueden establecer los límites aproximados de los resultados posibles.

Por otra parte, las situaciones del *nivel 4* representan aquellas cuya gama de posibles resultados no se puede limitar. El futuro distante es fundamentalmente "inescrutable"; es una situación en la que no pueden hacer conjeturas. ¿Esto significa que ninguno de los recursos que hemos examinado en los capítulos precedentes se puede aplicar? ¿En estas circunstancias no les queda a las compañías otra opción que "barruntar"?

De ningún modo, las situaciones del *nivel 4* no eliminan la necesidad de un pensamiento estratégico riguroso. Sin embargo, esto requiere una mentalidad diferente. El *nivel 4* requiere una actitud exploradora como la adoptada en la configuración organizacional emergente del tipo "adhocracia" –examinada en el capítulo precedente–. También vimos que el aprendizaje estratégico servía como el principal proceso estratégico en este tipo de organización.

De hecho, el aprendizaje estratégico no solo es necesario en las situaciones del *nivel 4*, ya que, con las dinámicas del cambio en los entornos competitivos globales, este aprendizaje está llegando a ser indispensable para el proceso de la estrategia en todos los niveles.

Entonces, ¿qué discernimientos aporta esta perspectiva a nuestra discusión? En primer lugar, sugiere límites razonables para el tipo de estrategia en la que es probable que se comprometan las firmas. En nuestro clima económico actual, pocas compañías se pueden dar el lujo de estar en los *niveles 1* y *2*; la mayoría afronta situaciones de los *niveles 3* y *4*. No obstante, sus competidoras están en la misma situación. Esto no significa que la estrategia debería ser abordada menos rigurosamente, sino que las compañías necesitan enfocarla de un modo *diferente*. Adoptar una perspectiva de aprendizaje estratégico es una manera de alcanzar este objetivo.

Perspectiva de aprendizaje organizacional

El proceso de pensamiento estratégico consta de todos los componentes de un proceso clásico de aprendizaje. Por lo tanto, es conveniente que cerremos el capítulo final de este libro con una breve reflexión sobre la perspectiva de aprendizaje en la estrategia. No es por casualidad que la perspectiva de aprendizaje estratégico haya captado poderosamente la atención en los últimos años. Podría decirse que este aprendizaje es lo más apropiado para desarrollar una posición de ventaja competitiva sostenible en el actual entorno empresarial turbulento. En la práctica, esto encuentra su expresión en la organización de aprendizaje e integra elementos de la nueva escuela de estrategia. Sin embargo, como señala Mintzberg (2009), toda estrategia razonable de la vida real combina necesariamente el aprendizaje con cierto grado de control deliberado de parte de la dirección de la firma. En este contexto, la estrategia es descrita de diferentes maneras: como algo que fomenta la comunicación abierta, con una tendencia a la experimentación y la reflexión; además, tolera el aprendizaje a través de la prueba y error, quizás incluso alentado deliberadamente por la dirección. De hecho, la organización de aprendizaje es en muchos aspectos la antítesis de la organización institucionalizada tradicional (Lampel, 1998)[8], que opera principalmente a través del control.

---

8. Lampel, J. (1998). "Towards the Learning Organization", en Mintzberg, H.; Ahlstrand, B., y Lampel, J. (editores): *The Strategy Safari*; Nueva York, The Free Press.

Estrategia en práctica: la estrategia y el aprendizaje organizacional

Es difícil imaginar una organización exenta de algún aprendizaje. Senge (1990)[9] describe dos tipos de aprendizaje organizacional, que son críticos para el proceso estratégico, aunque de diferentes maneras:

- *Aprendizaje adaptativo o reactivo*. El cual implica reaccionar a los impulsos del entorno competitivo externo.
- *Aprendizaje generativo*. Esta forma de aprendizaje organizacional es preventiva y con una tendencia a prever el entorno futuro.

Las dos modalidades de aprendizaje se sitúan entre los dos extremos de los estilos de gestión, que han sido descritos en el Capítulo 5 (en la Figura 5.5) como estructuras organizacionales diametralmente opuestas: la configuración *institucionalizada* y la configuración *emergente flexible*. En general, el *aprendizaje adaptativo* se encuentra en las estructuras organizacionales institucionalizadas, mientras que el *aprendizaje generativo* es la modalidad más apropiada para una configuración del tipo "*ad hoc*" (Hall, 1997)[10]. Cabe suponer que el aprendizaje generativo será la modalidad de aprendizaje cada vez más adoptada por las organizaciones.

Los dos estilos extremos de aprendizaje organizacional (*adaptativo* versus *generativo*) se describen en la siguiente cita, que ha sido atribuida a Ralph Stacey (1993)[11]:

– La *gestión ordinaria* se practica cuando la mayoría de los gerentes de una organización comparten los mismos

---

9. Senge, P.M. (1990). "The leader's new work: building learning organisations", *Sloan Management Review*, otoño, págs. 7-23.

10. Hall, R. (1997). "Complex Systems, Complex Learning, and Competence Building", en Sánchez, R., y Heene, A. (editores): *Strategic Learning and Knowledge Management*; Chichester, John Wiley & Sons Ltd., pág. 53.

11. Hall, R. (1997). Esta cita fue extraída de Hall (1997), que la atribuye a Stacey, R.D. (1993), *Strategic Management and Organisational Dynamics*, Pitman, aunque no fue incorporada en la 4ª edición del libro de Stacey (2003).

177

modelos o paradigmas mentales. Luego los circuitos de realimentación cognitiva operan de una manera negativa, de modo que los modelos mentales compartidos no son cuestionados. La gestión ordinaria consiste en procesos racionales para asegurar la armonía, la concordancia o la convergencia en una configuración, y procede de un modo incremental.

– La *gestión extraordinaria* implica cuestionar y desechar los paradigmas, para luego crear otros nuevos. Este es un proceso que depende principalmente de la contradicción y la tensión… Por lo tanto, la gestión extraordinaria consiste en el uso de modalidades de aprendizaje intuitivo, político y grupal, y en formas específicas de control en situaciones de cambio ilimitado. Esta es la forma de gestión que los gerentes deben usar, si van a innovar y cambiar la dirección estratégica.

Ya hemos visto en el Capítulo 5 que los dos estilos de gestión y las configuraciones organizacionales asociadas tienen importantes consecuencias para el proceso estratégico. Las predisposiciones tienen una relación directa con el enfoque de la estrategia adoptado por estas diferentes configuraciones. Sus respectivas predisposiciones están incorporadas en su configuración organizacional básica: su estructura, procesos, cultura y liderazgo. Cada vez más, el concepto de *gestión extraordinaria* de Stacey (1993) está llegando a ser la predisposición de las firmas concentradas en alcanzar una posición de ventaja competitiva sostenible.

Recuadro 6.1. Disonancias y puntos de inflexión estratégicos

Andy Grove, ex presidente y CEO de Intel, proporciona un excelente ejemplo de *gestión extraordinaria* (¿o, en realidad, fue la *organización extraordinaria* de Intel en esa época?). Al reflexionar sobre el éxodo de Intel del negocio de los chips de memoria a mediados de los años ochenta (cuando tenía casi el 100% de la cuota de mercado de microprocesadores[12]), Grove menciona las *disonancias y los puntos de inflexión estratégicos* que Intel experimentó en los años críticos, cuando abandonó los chips de memoria y se estableció como líder del mercado en la industria del microprocesador.

¿Qué había sucedido? Poco después de su lanzamiento en 1968, Intel, como primer promotor, había desarrollado e introducido chips de memoria o "memorias" en la naciente industria de la informática. Los competidores, casi todos estadounidenses y de pequeño tamaño, le siguieron a comienzos de los años setenta. Durante toda la década, la competencia para la siguiente generación de chips de memoria estaba en gran parte entre las compañías estadounidenses. En este período, Intel mantuvo su posición de liderazgo, pero luego, a comienzos de los años ochenta, los japoneses hicieron su irrupción en el mercado de los chips de memoria. No solo construyeron rápidamente una base de capacidad impresionante en la industria de los chips, sino que los niveles de calidad de las memorias japonesas eran coherentes y sustancialmente mejores que el estándar de los chips producidos por las compañías estadounidenses. De hecho, los niveles de calidad de los japoneses eran superiores a los que Intel había pensado posibles. Lo que agravó la situación para Intel fue que los japoneses no solo ofrecieron una calidad superior, sino que lo hicieron a un bajo precio. Todo el tiempo, Intel siguió invirtiendo intensamente en investigación y desarrollo. Se centró en mejorar sus chips de memoria, pero también dedicó algún esfuerzo de investigación a la nueva tecnología para otro dispositivo que había sido inventado a comienzos de los años setenta: el microprocesador. Tanto el microprocesador como las memorias se fabrican con una tecnología similar de circuitos integrados de silicio, pero su diseño es diferente. Los microprocesadores calculan, son los cerebros del ordenador, mientras que los chips de memoria simplemente almacenan información. Dado que los primeros representaban un mercado de más lento crecimiento y

---

12. Grove, A. (1996). *Only the Paranoid Survive.* Nueva York, Currency Doubleday.

menor volumen que los chips de memoria, su desarrollo tecnológico no se consideró una prioridad.

Esto cambió después de 1984, cuando las ventas de los chips de memoria casi colapsaron. Intel perdió su rumbo y operaba con dificultades. Sus prioridades e identidad estaban todavía centradas en las memorias. De hecho, la importancia de las memorias para Intel estaba firmemente arraigada en sus propias creencias y en el dogma de la empresa. Pero las memorias se habían convertido en un producto básico a nivel mundial, e Intel no sabía qué hacer frente a esa realidad. En las palabras de Grove, Intel entró en un período de *disonancia estratégica*; un período marcado por la divergencia entre las acciones de la organización y sus declaraciones. Este fue un período crítico de tres años en el que la gerencia media de Intel ya estaba en el proceso de posicionar a la compañía en el nuevo mercado del microprocesador, mientras que su gerencia superior todavía participaba en acalorados debates estratégicos sobre cómo recuperar su antiguo liderazgo en el mercado de los chips de memoria.

Grove recuerda haberle preguntado al presidente y CEO de Intel, Gordon Moore, en una reunión a mediados de 1985: "Si nos echan a patadas y la junta trae a un nuevo CEO, ¿qué piensa qué haría él?". A lo cual Gordon respondió sin vacilación: "Él se libraría de las memorias". Grove, mirándolo consternado, replicó: "¿Acaso no deberíamos salir por la puerta, volver y hacerlo nosotros mismos?".

El resto, como dicen ellos, es historia de Intel. Afortunadamente, la modificación de la postura estratégica de Intel, desde el fabricante de memorias hasta el fabricante de microprocesadores, ya había empezado algún tiempo antes de que la gerencia superior de Intel cayera en la cuenta de ello. Si bien su gerencia superior todavía estaba buscando estrategias inteligentes para sus memorias, los hombres y mujeres de más bajo nivel en la organización ya habían iniciado el cambio de dirección. Cada vez más, los recursos de producción estaban siendo dirigidos a la nueva industria del microprocesador; no como resultado de las directivas de la gerencia superior, sino más bien como correlato de las decisiones diarias de los gerentes medios familiarizados con la industria frente a la demanda declinante de memorias y a las crecientes oportunidades de rentabilidad de los microprocesadores. Cuando la gerencia superior de Intel tomó la decisión formal de salir de la industria de los chips, solamente una de las ocho plantas de fabricación de silicio estaba produciendo memorias. El cambio en la dirección estratégica –de acuerdo con los términos de Grove, el *punto de inflexión estratégica* de Intel– requirió un total de tres años. Sin embargo, la decisión de salir tuvo un impacto de mercado significativamente menos drástico de lo que la gerencia superior temía y esperaba. Una reacción típica de los clientes de Intel al ser informados sobre la decisión de la compañía de salir de la industria de las memorias fue: "Seguramente, necesitaron un largo tiempo".

Grove extrajo una serie de lecciones importantes del período de transición estratégica de Intel, relacionadas con la perspectiva de aprendizaje estratégico.

Una de estas lecciones concierne al efecto inmensamente inmovilizador que puede tener la identidad de una firma. En el caso de Intel, su legado y la identificación con las memorias formaban parte de una de sus creencias empresariales más profundas que, como admite Grove, eran tan poderosas como un dogma religioso. Estos factores bloqueaban el camino para una discusión razonable e imparcial durante el período crucial en el que los mercados de memorias de Intel estaban declinando rápidamente. Lo más interesante es que los clientes de la firma, al no tener ninguna participación emocional en el proceso de adopción de decisiones de Intel, tenían menos dificultades para comprender de manera temprana lo que la compañía debía hacer. Los nuevos gerentes también estaban mucho menos limitados por el pensamiento heredado: el compromiso emocional experimentado por las personas que habían dedicado largos periodos de su vida a una compañía y que, generalmente, eran incapaces de aplicar la lógica impersonal a una situación que requería un razonamiento imparcial.

Generalmente, son las "personas en las trincheras" las que están en contacto con los cambios inminentes y la necesidad de ajustes estratégicos mucho antes que la gerencia superior. Grove destaca esta característica, al señalar que "Mientras que la gerencia superior se abstenía de responder debido a las creencias que se habían formado a través de los éxitos pasados, nuestros planificadores de producción y nuestros analistas financieros se ocupaban de las asignaciones y las cifras en un mundo objetivo. Nosotros, los gerentes superiores, necesitamos de la crisis de un ciclo económico y la vista de los implacables números rojos antes de que pudiéramos reunir el coraje necesario para llevar a cabo una salida drástica de nuestro pasado".

El cambio de estrategia de Intel es destacable por varias razones. En primer lugar, es un ejemplo de la transformación exitosa de una organización, que fue principalmente impulsada por las bases. En segundo lugar, coincide con lo que siempre ha distinguido a la gran estrategia en los contextos militares: la capacidad de desechar las ideas preconcebidas y adaptar la acción de acuerdo con las circunstancias presentes. Greene (2006)[13] aduce que los grandes generales se destacaban, no porque tuvieran más conocimientos, sino por su capacidad para modificar un curso de acción ante circunstancias cambiantes. Greene piensa que el conocimiento, la experiencia y la teoría tienen limitaciones porque ninguna cantidad de pensamiento puede prepararnos para la ambigüedad y las innumerables posibilidades presentes en las circunstancias críticas. El teórico militar prusiano Carl von Clausewitz considera la diferencia entre el plan y el suceso real como una *fricción*; esto es lo que Grove ha llamado *disonancia estra-*

---

13. Greene, R. (2006). *The 33 Strategies of War*. Londres, Profile Books, págs. 21-22.

tégica. Puesto que la *fricción* o *disonancia estratégica* son inevitables en la realidad, cuanto mejores seamos para adaptar nuestro pensamiento al cambio y a las nuevas circunstancias, más apropiadas serán nuestras respuestas a esos cambios. Y a la inversa, cuanto más nos aferremos al pensamiento heredado y obsoleto, más inapropiada será la respuesta.

En muchos aspectos, la experiencia de Intel confirma la declaración de Weick (2001) respecto de que "la ejecución es análisis [estratégico] y la aplicación es formulación [de la estrategia]". En realidad, la configuración organizacional es un factor importante para determinar el enfoque adoptado por las firmas, a fin de "encontrar su estrategia". Recordemos las configuraciones diametralmente opuestas discutidas en el Capítulo 5. Por un lado, la configuración institucionalizada representa una posición consolidada centrada en la preservación y explotación de la empresa actual ("perfeccionar lo conocido"); por el otro, la configuración organizacional emergente y *ad hoc* intenta "aprovechar imperfectamente lo desconocido"[14]. El período de *disonancia estratégica* de Intel constituye un ejemplo de la tensión que experimentan las organizaciones cuando se posicionan entre las dos configuraciones. Sin embargo, no todas las organizaciones consiguen resolver el dilema tan bien como lo hizo Intel. La lista de compañías que luchan hasta su desaparición final por "perfeccionar lo conocido" es larga. Para tener una evidencia de esto, solo necesitamos considerar a las firmas que han sido eliminadas de la lista de las *100 Fortune* a través de los años.

Weick (2001) aduce que más importante que una estrategia deliberada *a priori* es un mecanismo para canalizar y estimular la acción intensa y concentrada. Esto, a su vez, crea un significado y proporciona la estabilidad y estructura requeridas por la organización para "seguir adelante" en

---

14. Kelly, K. (1998). *New Rules for the New Economy.* Nueva York, Viking.

ausencia de un principio estratégico. Incluso un plan impreciso, un proyecto o una explicación pueden servir para ese propósito. Más importante que la coherencia y precisión del plan es la respuesta y atención que recibe de la organización. El significado y la confirmación de la nueva dirección estratégica a menudo solo toman forma de improviso.

Para ilustrar este tema, Weick cita el ejemplo de los nativos naskapis en la península del Labrador. Ellos emplean una técnica inusual para decidir dónde deberían cazar. El hueso de la paletilla de un caribú se mantiene sobre el fuego hasta que empieza a fracturarse. Para cazar, los nativos siguen la dirección de las grietas en el hueso fracturado. En forma sorprendente, este enfoque parece surtir efecto para los naskapis; casi siempre consiguen encontrar las presas.

Weick explica por qué este enfoque suele tener éxito para estos nativos: una vez que han determinado la dirección de las fracturas del hueso de caribú, los nativos pasan la mayor parte del día cazando. Ellos no se sientan alrededor del fuego para discutir dónde deberían estar cazando. En esas raras ocasiones en las cuales no logran encontrar las presas, no culpan a nadie. El esfuerzo frustrado se atribuye a los dioses que ponen a prueba su fe. El hueso fracturado del caribú mantiene a los naskapis en movimiento; debido a su misma acción, la cantidad de discernimientos multiplica los datos de los cuales pueden obtener un significado.

De este modo, la estrategia a menudo llega a ser evidente solo a través de una reflexión retrospectiva. La coherencia y racionalidad de la estrategia se incrementan con el prejuicio introducido en la reflexión retrospectiva. Esto puede conducir a conclusiones erróneas sobre lo que se necesita hacer en el presente y cuál es la medida apropiada que se debería tomar en el futuro.

¿Esto refuta el enfoque del pensamiento estratégico que incluye el análisis y la intuición, la premisa fundamental en este libro? De ningún modo. Como se dijo antes, el pensamiento estratégico es una actividad cuyo resultado podría variar considerablemente. De hecho, el resultado refleja la calidad del pensamiento que se ha tenido. La clave para un buen pensamiento estratégico es una comprensión clara de las limitaciones de los discernimientos generados en algún momento. Las situaciones que requieren una acción cambian incluso cuando se debe actuar. De ahí la importancia del proceso de aprendizaje en la estrategia; el aprendizaje bajo la apariencia de una acción, de la cual se obtiene la experiencia y el significado. Esta es la esencia de la estrategia en práctica.

Sutton (2002)[15] ha considerado cómo las organizaciones pueden fomentar culturas de aprendizaje. Al respecto, sugiere alentar los enfoques y prácticas que van contracorriente de la lógica empresarial predominante, a fin de aprovechar al máximo el aprendizaje esencial para la supervivencia en los entornos competitivos cambiantes del presente. En esencia, este enfoque podría ser considerado como una versión empresarial moderna de la técnica naskapi del hueso de caribú.

En el siguiente resumen, se presenta un extracto de la lista de sugerencias de Sutton para acabar con el domino de la lógica institucionalizada:

Estrategia en práctica: acabar con el dominio de la lógica institucionalizada

- Al abordar un problema o una nueva situación surgida de las circunstancias cambiantes, no considere cómo se debería resolver un problema de este tipo en la compañía, industria o sector donde usted está trabajando; olvídese de eso y descarte los viejos métodos; acuda a las personas que no conocieron los buenos viejos tiempos.

---

15. Sutton, R.I. (2002). *Weird Ideas that Work*. Nueva York, The Free Press.

- Si usted sabe muy bien cómo se resolvió un problema de este tipo en el pasado, recurra a personas que no conocen el hecho anterior para que estudien el problema actual y le ayuden a resolverlo; incluya a algunos excéntricos, herejes y visionarios, especialmente si son optimistas acerca de sus ideas.
- Busque nuevas ideas fuera de su industria; considere cómo se han resuelto problemas análogos en otras partes.
- Ponga sobre aviso a las personas acerca de los peligros de asumir las suposiciones como certezas; examine las ideas propuestas en su compañía y en otras partes, que alguna vez se consideraron absurdas, pero ahora son ampliamente aceptadas.
- Identifique las cosas más absurdas que están haciendo (o han hecho) las compañías en otras industrias, y desarrolle argumentos sobre por qué su compañía debería hacerlas.
- Use un *abogado del diablo* y una indagación dialéctica: designe personas para que cuestionen las suposiciones y decisiones de su grupo y desarrollen argumentos a favor de las suposiciones y decisiones opuestas.
- Aliente a las personas a ser escépticas respecto a las mejores prácticas, tecnologías y modelos empresariales.
- Contrate y retenga a los aprendices más lentos del código organizacional.
- Recuerde el pasado en su compañía, pero interprételo como un relato aleccionador sobre todos los errores y fracasos cometidos por aquellos que cayeron en las trampas del éxito.
- Aliente a las personas a seguir luchando, si las prácticas establecidas son obsoletas.

En esencia, podemos concluir que la estrategia orientada al discernimiento se practica más a menudo para producir discernimientos estratégicamente pertinentes en un contexto organizacional que se parece más al de una organización de aprendizaje. Es en este contexto donde encontramos organizaciones capaces de hacer el aprendizaje acumulativo y continuo requerido para un posicionamiento competitivo sostenible.

Estrategia en práctica: adopción de un criterio de aprendizaje apropiado

Lampel (1998)[16] describe las organizaciones de aprendizaje como aquellas que:

- pueden aprender tanto, si no más, del fracaso como del éxito;
- rechazan el proverbio "si no se ha roto, no lo corrija";
- suponen que los gerentes y trabajadores que están más próximos al núcleo de la empresa, ya se trate del diseño, la fabricación, la distribución o la venta del producto, a menudo saben más acerca de estas actividades que sus superiores;
- procuran transferir activamente el conocimiento de una parte de la organización a otra, a fin de asegurar que el conocimiento pertinente termine en el sitio donde es más necesario;
- invierten una gran cantidad de esfuerzo buscando el conocimiento fuera de su propia organización.

Una reflexión final sobre la práctica de la estrategia orientada al discernimiento

En las discusiones anteriores, hemos examinado las perspectivas sobre cómo termina la estrategia en la práctica. La elección de la palabra "termina" es deliberada, ya que podríamos preguntarnos, justificadamente, cuántos elementos de la estrategia están orientados, en forma deliberada, a la decisión y por qué la estrategia es reconocible como una pauta solamente después de los hechos. De acuerdo con esto, uno podría preguntar: ¿dónde encaja el pensamiento estratégico en todo esto?

Al parecer, muchos pensadores estrategas se resisten a considerar la estrategia como una adopción deliberada de decisiones, como estaba previsto en el plan. Cada vez más,

---

16. Lampel, J. (1998). *Toward the learning organization*; cita extraída de Mintzberg, H.; Ahlstrand, B., y Lampel, J.: *The Strategy Safari*; Nueva York, The Free Press, págs. 214-215.

la estrategia es vista como "una pauta en un flujo de decisiones", que se manifiesta en acciones concretas (Mintzberg, 2009)[17]. Las decisiones, aunque implicadas en las acciones, son mucho más elusivas. Si la decisión precede realmente a la acción, entonces la evidencia de su realización podría ir de una declaración de intención a nada en absoluto. El hecho de considerar la estrategia como un flujo de acciones desafía las suposiciones implícitas hechas en los textos de teoría organizacional, que sugieren que la decisión precede a la acción. La idea sobre la estrategia de Mintzberg, entre deliberada y emergente –aunque con un importante componente de aprendizaje que concuerda más con la visión emergente–, coincide con la de Weick (2001), uno de los primeros pensadores organizacionales que han abordado este tema y, además, ha sugerido que esta necesidad no debe ser una causa de inquietud para los gerentes. De hecho, él aduce que la "estrategia" deliberada puede perjudicar a la organización y conducirla posiblemente a una parálisis. Weick propone tres temas que sugieren cómo la estrategia termina en la práctica: (1) que la acción da lugar a la estrategia, la clarifica y le da un sentido; (2) que el pretexto para la acción es de importancia secundaria, y (3) que la planificación estratégica deliberada es solamente uno de los muchos pretextos para la generación de un significado en las organizaciones. Weick (2001) relata en la siguiente anécdota (Recuadro 6.2) un incidente que supuestamente ocurrió en la Primera Guerra Mundial, para ilustrar su interpretación de la estrategia:

Recuadro 6.2. La excursión alpina

Una pequeña unidad militar húngara en una misión de reconocimiento en los Alpes suizos se extravió en una intensa tormenta de nieve que duró dos días. El joven teniente que había

---

17. Mintzberg, H. (2009). *Tracking Strategies*. Oxford, Oxford University Press.

enviado la unidad temía haberla destinado a una muerte segura y se quedó profundamente afectado después que la unidad no apareció en la segunda jornada. Sin embargo, al tercer día la unidad regresó ilesa y con buen ánimo. ¿Qué había sucedido? ¿Cómo encontraron el camino de vuelta? En realidad, los miembros de la unidad relataron que se habían considerado perdidos hasta que uno de los soldados de la unidad encontró un mapa en su bolsillo. Eso les inspiró confianza e impulsó a la unidad a acampar y quedarse hasta el fin de la tormenta en la relativa seguridad de sus tiendas. Después que la tormenta acabó, determinaron su posición con la ayuda del mapa e iniciaron su camino de vuelta al campamento base.

El teniente les pidió que le prestaran el mapa y lo examinó minuciosamente. ¡Para su asombro, observó que no era un mapa de los Alpes, sino de los Pirineos!

¿Eso tuvo importancia para la unidad de reconocimiento? En absoluto, como resultó ser. Aunque la habría tenido –si bien perjudicialmente– si ellos hubieran caído en la cuenta de que era un mapa de los Pirineos. Como sucedió, el descubrimiento del mapa reforzó su determinación de sobrevivir, les dio claridad de pensamiento y los impulsó a la acción. De este modo irracional, como podría parecer en una visión retrospectiva, un mapa completamente inaplicable salvó a la unidad de una muerte casi segura en el desierto glacial alpino.

¿El enfoque de la estrategia orientada al discernimiento es un *pensamiento estratégico* incongruente, dadas las posiciones defendidas por Mintzberg y Weick? De ningún modo, el pensamiento estratégico perspicaz, en virtud de su facilidad para alentar y orientar a las personas en las organizaciones, es completamente congruente con la noción de la estrategia en práctica de Weick: las personas actúan, aprenden y de ese modo crean significado, incluso en ausencia de una razón fundamentada rigurosa. Estos son los factores que permiten una respuesta estratégica apropiada. La anécdota de Weick acerca de la unidad de reconocimiento extraviada apoya esta tesis. El mapa, a pesar de su inaplicabilidad, logró lo siguiente: su descubrimiento restableció la confianza de la unidad, impulsó la acción que permitió a los soldados sobrevivir a la tormenta, y cuando esta terminó, los hizo avanzar en una dirección general. Una vez en la acción, la observación iterativa y la reflexión permitieron a la unidad evaluar dónde estaba con relación a dónde deseaba ir. De este modo, el significado derivó de las circunstancias a medida que evolucionaban. Estas, finalmente, condujeron a la unidad de vuelta a su campamento base.

Entonces, ¿cuáles fueron los elementos de la "estrategia" que permitieron a la unidad de reconocimiento volver ilesa a su campamento base? En primer lugar, fue la acción que dio origen al significado; en segundo lugar, el mapa como pretexto para que la acción fuera solamente de importancia secundaria; y en tercer lugar, se podría aducir que la "planificación estratégica" deliberada habría sido completamente inaplicable en este caso, ya que el mapa no tenía relación alguna con las circunstancias.

¿La estrategia es un pretexto bajo el cual las personas actúan y generan significado en respuesta a las circunstancias cambiantes (y a menudo solo se reconoce en una visión retrospectiva)? Esta es una evaluación realista, dada la naturaleza del contexto complejo y cambiante de nuestros entornos competitivos. En cierta manera, esta perspectiva sobre la estrategia no debería sorprendernos. Es intrínsecamente darwiniana. Darwin ya comprendía por qué la adaptación es a menudo mucho más poderosa que el establecimiento de una dirección deliberada frente al cambio evolutivo. Los entornos empresariales se parecen mucho más a los ecosistemas en evolución que a los escenarios estáticos y predecibles considerados a menudo en el análisis estratégico.

Esta concepción de la realidad no debe implicar un caos ni sugerir impotencia. Sin embargo, los pretextos estratégicos para la acción surgen de un equilibrio entre intenciones claras y acción, basadas en el mejor análisis disponible, *y* de la acción y los acontecimientos que han sido totalmente imprevistos. Además, es admisible que los planes no produzcan, quizá, los resultados que originalmente se previeron. De esta manera, el propósito estratégico y la realidad cambiante llegan a estar mucho más entrelazados, mientras se inicia la acción y la firma observa y reflexiona sobre lo que surte efecto o no; y de esto deduce la medida apropiada que debe tomar.

El pensamiento estratégico podría ser considerado como un componente integral en el proceso de la estrategia en práctica que sostiene esta actividad; sirve como un mecanismo de orientación para el análisis, la intuición y la interpretación en la creación de significado, permitiendo con eso la obtención del discernimiento requerido para una acción estratégica apropiada.

Resumiendo el capítulo...

- La estrategia, aunque invariablemente inducida por factores externos, es un pretexto para la respuesta organizacional.
- La estrategia como un pretexto para la respuesta ocurre en una serie continua de actividades posicionadas entre aquellas que son un resultado del control deliberado y las que son de naturaleza puramente emergente.
- Muy a menudo la estrategia solo es reconocible en una visión retrospectiva; su coherencia y racionalidad son solo discernibles *a posteriori*.
- Por lo tanto, la estrategia en práctica se debería considerar más apropiadamente como un pretexto para la acción, de la cual se obtiene el significado solamente después de los hechos.
- La estrategia en práctica obtiene la dirección de la planificación deliberada tanto como de los acontecimientos y las acciones imprevistos.
- Ya sea a través de sus contribuciones al análisis racional, la intuición o la interpretación que conducen a la atribución de un significado en retrospectiva, el pensamiento estratégico desempeña un papel crítico, sin importar dónde nos encontremos en el proceso de estrategia.

www.ingramcontent.com/pod-product-compliance
Lightning Source LLC
Chambersburg PA
CBHW060024210326

41520CB00009B/993